RYUKYU
RYUJIN
DENSHO

わったーりゅう！

僕らの龍が目覚めたら、世界はもっと美しい

中本 勝得

VOICE

「おかえり」

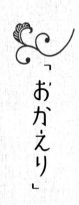

てんりゅうおおおんかみ
天龍大御神

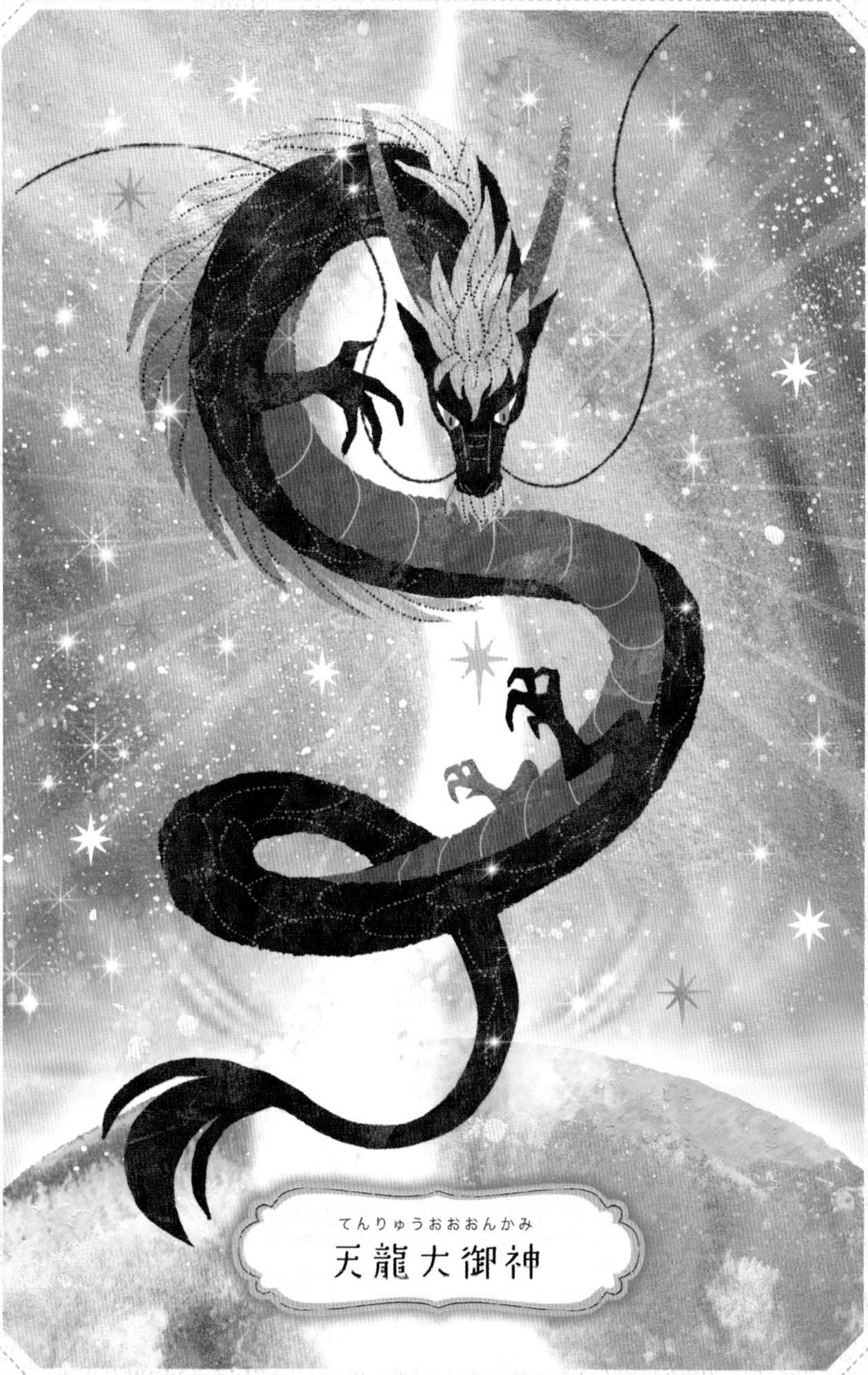

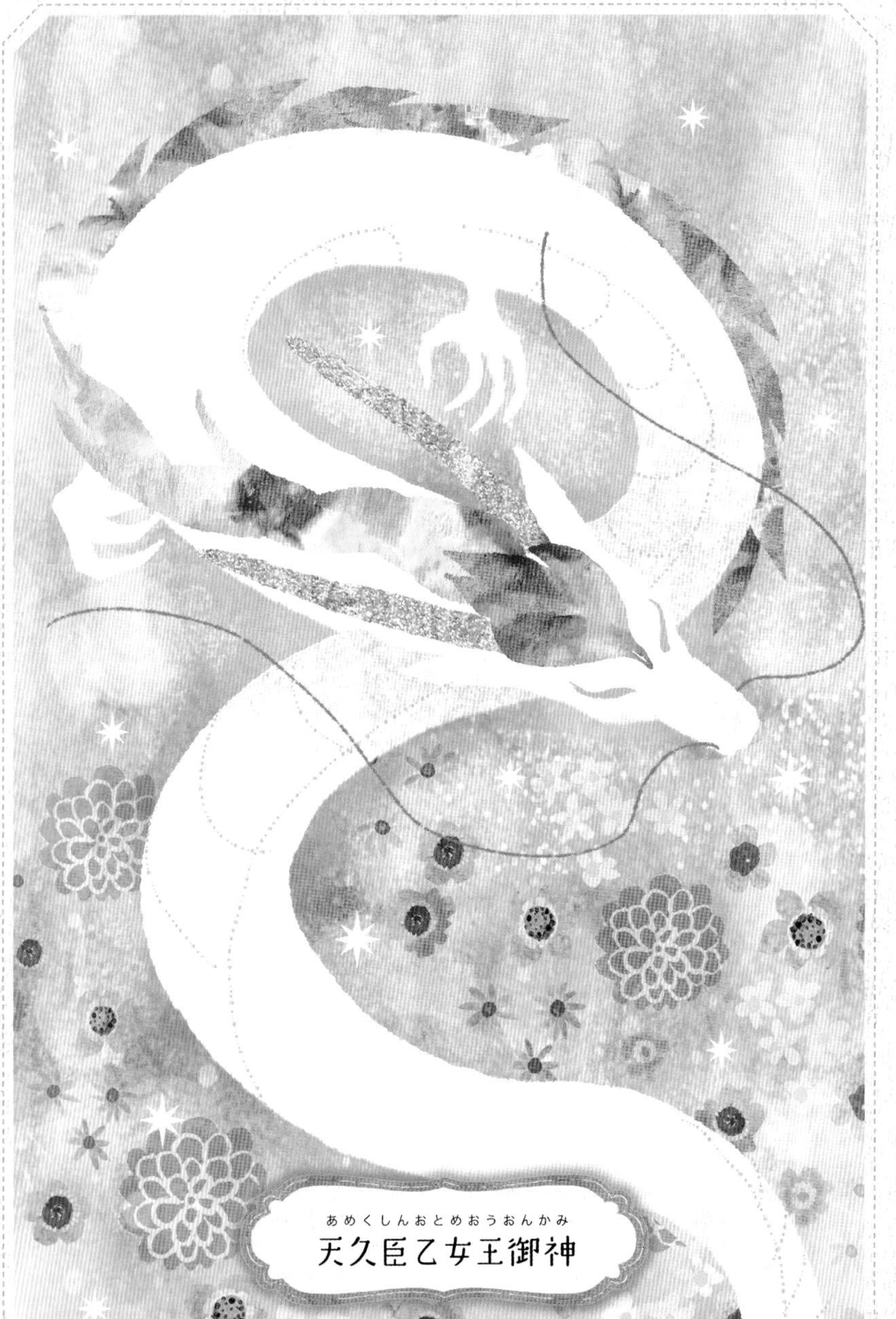
天久臣乙女王御神《あめくしんおとめおうおんかみ》

天風龍大神《あまふうりゅうおおかみ》

天火龍大神《あまひりゅうおおかみ》

天水龍大神《あますいりゅうおおかみ》

キジムナー

はじめに

皆さんは、「龍」のことをどのくらい知っていますか？

「龍が好き」という人はたくさんいます。この本を手にしてくださっているあなたも、きっとそのひとりでしょう。

では、なぜ好きなのか、説明できますか？

カッコいいから？　幸運やお金を運んでくれるから？　高貴な存在だから？　スピリチュアル界隈で人気だから？

あなたこそが「龍人」であるといわれたら、どう感じますか？

沖縄に移住して約7年。この地で、さまざまな神さまや神人《かみんちゅ》さん（沖縄の言葉で、神さまの言葉を降ろしたり神事のお役目がある人のこと）から、たくさんのことを学んできました。

そこで、自分たち人類の大元となる祖先が、なんと**「龍神」**であるという伝承に辿り着き、自分の中で人生の針路を大きく変える気づきが起こったのです。

自分自身こそが龍神であったという神話（真話）については、本文の2章と5章でたっぷりお伝えします。

「あなたには、沖縄の聖地や神さまに人々をご案内するお役目があります」

沖縄でたくさんの学びを託していただくうちに、宮司さんや神人さんからそのように教えていただきました。その言葉は現実となり、今は、「神から教えてもらった物語」に所縁《ゆかり》の深い現地へ、ガイドとして皆さんをお連れして龍神伝承を伝えています。

その中でも特に人気の高い聖地ガイドが、「夢叶い龍神ツアー」。現在は【超覚醒龍人ツアー】と名づけています。ここ5年間で、500名以上の方をご案内しました。

このガイドでは、ふたつの大きな目的があります。

「私たちのルーツを知り、日本人の霊性を取り戻すこと」

「我々の祖先である龍神とつながりサポートを得ること」

参加された多くの方が、今まで知らなかったご自分のルーツやお役目を知ることができ、中には涙を流しながら喜んでくださった方もいます。

〝夢叶い〟と謳《うた》っていたように、ガイドを通して、実際に夢を叶えるお手伝いができています。

その一例を挙げてみると……

【ガイドを受けて1カ月以内に夢が叶った例】

・出版が決まった
・理想のパートナーが見つかりその後結婚した
・臨時収入が3000万円入ってきた
・何年も揉めていた夫と円満離婚できた
・神さまが見えるようになり会話できるようになった　など…

【ガイド中に夢が叶った例】

・今まで売れなかった高額商品がふたつ売れた
・希望していた海外勤務の通知がきた
・片想いの人から食事に誘われた
・初めて龍を見ることができた
・自分のやりたいことが明確になった　など…

これをたまたまタイミングがよかっただけだと思うのか？

はたまた、本当の自分に還ることで、本来の奇跡を生み出す力を呼び覚まして現実化したのか？

どうとらえるかはあなたのご判断にお任せしますが、これまで「たまたま」「偶然」を超えた出来事をたくさん目の当たりにしてきました。

実際に今、自分自身も、時間にもお金にも不自由なく、大好きな沖縄で暮らし、たくさんの方々をガイドして、好きな時に好きな場所へ旅することができています。

それが叶うようになったのは、**自分の大元《おおもと》が龍神だった、そして自分こそが龍人であるこ**

とに気づいてから。

イライラしたり怒ることもなくなり、人間関係も良好。現実が自分の望む方向へと進むようになったのです。


しかし、ガイドやツアーを通して、龍が好きでスピリチュアルなことを学んでいるにもかかわらず、現実に苦しんでいたり、不幸だと感じている人があまりにも多くいることを知りました。

ハッキリ言うと、誰にでも奇跡は起こせます！

しかも、人任せ・神頼みではなく、〝自分自身で〟奇跡はつくり出せるのです。

もちろん、あなたも。

その奇跡を起こす力を発動させるスイッチこそ、
あなたの龍を目覚めさせること。

この本は、私「中本勝得」が、主人公〈かつのり〉として実際に龍の子であると目覚め、龍人として生きていく道のりを、事実に基づきフィクション・ノンフィクション織り交ぜながら綴《つづ》っています。

私たちとは何者なのか？　神とは？　龍とは？　人生とは？

それら重要なことを交えつつ、本書を通して、たくさんの人の人生を大きく変えた、沖縄の伝承をお伝えします。沖縄の人たちも知らない教えや神話ばかりです。

読み進めていくうちに、きっと、龍人としてのあなたが目覚め始めることでしょう。

中本勝得

龍神家系図

神世一代

天龍大御神《てんりゅうおおおんかみ》（父龍）

天久臣乙女王御神《あめくしんおとめおうおんかみ》（母龍）

神世二代

天風龍大神《あまふうりゅうおおかみ》（長男）子
表臣幸乙女王御神《うはしんこうおとめおうおんかみ》

天火龍大神《あまひりゅうおおかみ》（次男）丑
中臣幸乙女王御神《なかしんこうおとめおうおんかみ》

天水龍大神《あまypsilonりゅうおおかみ》（三男）寅
底臣幸乙女王御神《そこしんこうおとめおうおんかみ》

神世三代（龍人世代）

辨天負翫大神《べんてんよしろのおおかみ》（長男）卯
辨天負泰彦大神《べんてんよりひこのおおかみ》（次男）午
辨天負百津姫神《べんてんよもつひめかみ》（長女）辰
辨天負久知姫神《べんてんよくちひめのかみ》（次女）巳

仁天屋翫大神《じんてんやしろのおおかみ》（長男）未
仁天屋船或久姫神《じんてんやぶねひくひめのかみ》（長女）申
仁天屋船久久姫神《じんてんやぶねくくひめのかみ》（次女）酉

來天皇久能知大神《らいてんすめくのちのおおかみ》（長男）戌
來天皇明久或姫神《らいてんすめあけくひひめのかみ》（長女）亥

守護本尊

子	千手観音
丑	虚空蔵菩薩
寅	虚空蔵菩薩
卯	文殊菩薩
午	勢至菩薩
辰	普賢菩薩
巳	普賢菩薩
未	大日如来
申	大日如来
酉	不動明王
戌	阿弥陀如来
亥	阿弥陀如来

目次

プロローグ

「オレ、こんなはずじゃなかったんだよな……」

高卒で「なりあがってやる!」と志《こころざし》だけは高かったものの、就職した先はブラック企業。給料をもらえるはずなのに、手元に残るお金はないにも等しく、生活もままならない日々。公園の水道水を飲み、トイレットペーパーにマヨネーズをつけて飢えをしのぐなんて日がまさか来るとは、かつのりは思いもしなかった。

さすがに生命の危機を感じ、ブラック企業からは逃れたけれど、その後も「オレの人生、最高!」と感じたことはない。

子どもの頃に憧れて、見よう見まねで身につけたマジックが得意なことだったため、転々としながらその時に必要なお金を稼いでいた。人に喜んでもらえることは楽しかったが、不安ややるせなさのほうが大きく、〈かつのり〉という自分の人生を生きている実感はゼロだった。

人生をやり直したい！　自分の人生を生きたい！


そう決意してから、知り合いとバーを共同経営し、なんとか少しまとまったお金を作った。

そうして人生の再出発をきるべく、かつのりが辿り着いたのは沖縄だった。

今までの人生にはない南国の暖かい空気に包まれて、心まで洗われるような透明で美しい海を目の前にしたら、確実に〝なにか〟変えられるのではないか。

そう思ったのだ。


目的もなく、ただただ歩き続け、気になる場所や景色があったら立ち寄ってみる。

沖縄に来て3日が経った頃、かつのりはアーチ型になっている石造の門の前を通り過ぎた。

「珍しい造りだな」と思っていると、突然、

「おーい！　こっち、こっち」

という、子どもなのか少年なのか、声が聞こえてきた。

でも、周りを見ても、誰もいない。

「そっちじゃないよ。目の前の門をくぐってみて」

「え、この門をくぐる？」

半信半疑だったが、かつのりは言われるまま、石門をくぐってみた。

するとそこには、太陽の陽射しが見えなくなるほど大きい、立派なガジュマルの木が堂々と立っていた。石門を隔てて、別世界へ迷い込んだような錯覚が起こる。

「うわ、スゲー……。こんなデカい木、見たことねーよ」

あまりの大きさとその存在感に圧倒されながら、ガジュマルの根元に近づいた。

すると、頭上からまたあの声がした。

「ここ、ここ。上だよ、上！」

何重と連なっている枝の間から、ひょいと赤毛が見えた。と同時に、グリッとした大きな目で、ハワイアンの男性がフラダンスを踊る時の衣装のような葉っぱでできたものを腰に巻いている、小さい子どもが現れた。

「おぉ！　おまえか！　誰だ？　え、人間……じゃ、ない？」

あきらかに、人間の子どもにしては、顔の大きさとか、そのほかもなにかが違う。昔話とか童話の絵に出てきそうなヤツだ。

「ボクはね、〝キジムナー〟。ガジュマルの木に住んでいるんだよ。ボクらのことを〝森の妖精〟と呼んでくれる人もいるよ」

「そうなのか？　妖精って、映画とかテーマパークで人気のキャラクターみたいに、キラキラフワフワしてたりするんじゃないの？　座敷童《ざしきわらし》のほうがイメージ近いけど」

「ボクがキラキラフワフワしてないっていうの？　ふん、別にいいけどさっ。ボク、かつのりがここに来るの、待ってたんだよ」

一瞬ふてくされたと思ったら、今度は満面の笑みをかつのりに向けた。

「コロコロ表情が変わるヤツだな。って、なんでおまえ、オレの名前、知ってるんだ？　しかもなんで待ってた？　あ、オレのマジックが沖縄でも噂になってるとか？」

「ううん、そうじゃない。キミはね、意味があって沖縄に来たんだよ」

即答するキジムナーにちょっとムッとするも、かつのりはキジムナーの言葉が気になった。

「え、意味があって、ここまで来た？」

「そうだよ。かつのりさ、これまでの人生、うまくいってないでしょ。それにも意味がある。キミはね、ここ沖縄ですることがあるんだよ。言っちゃえば、〝お役目〟だね」

「お役目？　確かに、オレはこんなはずじゃないと思って、ずっと生きてきたけど」

初めて会う相手、しかも人間なのかよくわからない座敷童相手に、自分のことをペラペラ話すなんて、どうかしていると思いながら、かつのりは話を続けた。

「人生やり直したいと思って、辿り着いたのが沖縄だったんだよね。ここでオレの役目ってやつが見つかるのか？」

キジムナーは、いたずらっ子のような茶目っ気のある顔でニコッとしながら、こう言った。

「かつのりはね、沖縄で神さまや仏さまのことを学ぶといいよ」

「えー、オレ、イヤだよ!!　神も仏も信じてないし、もし信じたとしても、そんなので人生うまくいくわけないだろ」

気づいた頃には〝アンチ〟スピリチュアル派だったかつのりは、キジムナーの言葉に拒否反応を示した。

「無理して信じろとは言わないよ。ただ学ぶ前から拒否してたら、それじゃスタートラインにも立てないじゃないか。拒否るなら、学んでからにしたら？」

「……確かに。いいこと言うな、おまえ。オレには時間はたっぷりあるし、これまでと違う生き方をしたいと思ってここまで来たんだもんな。で、どうしたらいいんだ？」

渋々だが、かつのりはキジムナーの言うことを聞くだけ聞いてみようと思った。

「沖縄にある〝御嶽《うたき》〟って呼ばれる場所や、神社に行ってみなよ」

「御嶽？」

「簡単に言っちゃうと〝聖地〟なんだけど、その土地を守っている神さまが祀《まつ》られていたり、祖先の墓所だった場所もある。ここ沖縄では、そこで〝祈り人〟が拝んだり祈ったりする、すごく重要な聖なる場所だよ。ただ石しか置いてないっていう場所も多いけどね」

「ふ〜ん。あとは神社も行くといいんだな？」

「そうだね。沖縄には〝琉球八社《りゅうきゅうはっしゃ》〟と呼ばれる、8つの神社があるんだ。王府から特別な待遇が与えられたお寺に併設された神社を、琉球八社と呼んでいるんだよ。内地（日本の本州・四国・九州）では、お寺と神社が同じ敷地にあるところは少ないでしょ？」

「言われてみたら、確かにそうかもな。神社は神社、寺は寺として、敷地は分かれていると思うよ。その8社、全部行くといいのか？」

「うん、そうするといいよ。でも、かつのりにとって大事なのは、8社のうちの〝沖宮《おきのぐう》〟。ここからスタートしてね！　そのほかは急がなくても大丈夫。とにかく沖宮から物語は始まるから」

「オレにとって大事？　うーん、そう言われてもなぁ。神も仏も信じてない人間にとって大事なことが、神社にあるのか？　初詣だって数えるくらいしか行ったことないのに……」

首をかしげるかつのりに対して、キジムナーは身を乗り出して、大きな手振りで言った。

「ほら、グズグズしてないで！　今すぐ、沖宮へ行ってこい!!」

「まぁ、時間はあるし、そこまで言うなら行ってみるか……」

こうして始まった、かつのりの沖縄での人生再出発の旅。

それがまさか、人間の祖先、龍神との出逢い、さらに龍人として目覚めることになるとは、この時は思いもしなかった。

第1章

琉球八宮【沖宮】

天受久女龍宮王御神《てんじゅくめりゅうぐうおうおんかみ》の教え

神さまへの挨拶の基本

「ここか……」

キジムナーに言われた通り、かつのりは車を走らせて「沖宮」にやって来た。真っ青な空に、カラフルなピンクの神灯が映える。

石段を渡ろうとすると、右肩の上のほうから、聞いたことのある声が響いた。

「遅い！　けど、ちゃんと来たね」

「うわ、ビックリした！　なんだよ、おまえも来たのか。来るなら来るって……ん？　おまえ、ここまでどーやって来たんだ？」

さっきガジュマルの枝の間にいた赤毛のキジムナーが、かつのりのすぐ隣にいる。いるというか、右上に浮いている。

「ボクらは、キミたちみたいに乗り物を使ったりする必要ないんだ。思ったところへ、意識を合わせるとすぐに飛んでいけるんだよ。時間も関係ないしね」

「へぇ、そんなもんなのか。よくわかんないけど、便利だな。

で、ここに最初に来させたのはなぜなんだ？」

石段を登りながら、かつのりとキジムナーが話していると、すれ違う人たちが、怪訝《けげん》な顔をしている。

「あ、言うの忘れたけど、ほとんどの人には、ボクの姿が見えたり、声が聞こえたりしてないから。ちなみにかつのりとは、声を出さなくても、テレパシー的に会話もできるよ」

「それを先に言えよ！　ほかの人から見たら、オレ一人で喋ってるみたいじゃん」

アハハといたずらっ子のように笑うと、キジムナーはこう続けた。

「ここの沖宮も〝宮〟がつくでしょ？　琉球八社はすべて〝宮〟がつくんだ。○○神社という名前の神社は、内地から運ばれてきた。本来、沖縄の人たちは、○○宮のほうに参拝するんだよ。今の時代はその文化も薄れちゃっているんだけどね」

「そうなのか。沖宮のほかにも〝宮〟がつく神社はあるんだろ？　なんでオレには最初にここに行けって言ったんだ？」

「その理由はね、今から案内するよ。琉球八社のなかには、沖宮よりも有名な場所もあったり、内地の神さまを祀っている場所もあるんだ。でも沖宮は、内地から神さまが渡ってきたわけじゃない。その逆なんだ。……はい、こちらがその神さま」

　石段を登ると、木造の建物が現れた。

「ここが本殿。ここに祀られている神さまは、**天受久女龍宮王御神**《てんじゅくめりゅうぐうおうおんかみ》。またの名を、**天照大御神**《あまてらすおおみかみ》」

「お、天照大御神はオレでも知ってる。伊勢神宮に祀られている神だろ。こっちではまた、ずいぶんと長い名前なんだな。しかも名前に〝龍〟がついているのか？」

キジムナーはニコッとして、扉に近づき、本殿の建物の中に入った。

「内地の神社のように、立ったまま手を合わせて参拝もできるけど、沖縄の人たちは、神さまと対話するんだ。だから、いつでも本殿の扉を開けてくれている。靴を脱いで上がって、拝むこともできるよ」

キジムナーのあとをついてかつのりも本殿の中に入ると、思わず正座して座った。ふと、目の前の机の上に置かれた容器に目にとまる。

「これ、なに？　それぞれの容器に〝米〟〝酒〟〝塩〟って書いてあるけど」

「沖縄の人たちは、神さまと対話しに来たら、米と酒と塩などを持ってきて拝むんだよ。終わったら、この容器の中に入れて帰れるようになっているんだ。ここの人たちにとっては、神さまと対話して拝むことは日常のことなんだよ」

さっきまで浮いていたキジムナーも、かつのりの隣にちょこんと座っている。

「神さまと対話する時に大切な、基本のポイントを教えるね。

まず、自分の**名前・住所・干支**を伝えること。それを伝えると、どの神さまも仏さまも、

この者は、どの家系の人間か【名前】

この者は、地球のどの土地を借りているのか【住所】

この者は、誰に守られているのか【干支】

を、瞬時に把握してくれるから、この人が何者なのか、ピンポイントでわかってくれる。

内地では誕生日を伝えるみたいだけど、沖縄では干支をすごく大切にしていて、誰もが干支の守護神に守られているとしているんだよ。干支については、ボクからじゃなくて、ほかの人が教えてくれるから、その時に詳しく聞いてね」（4・5章参照）

「……おまえ、急に賢くなったな」

「もともと賢いんだよ、ボクはっ」

御祭神は天照大御神の大元

少しドヤ顔で、キジムナーは続けた。

「この沖宮の御祭神である天受久女龍宮王御神は、天照大御神の〝大元〟なんだ。説明はあとでね。ここではさっき伝えた基本のポイントを押さえて、御神にまずはご挨拶しよう」

かつのりは言われるままに、目をつむり、手を合わせて、心の中で名前と住所と干支を伝えてから、天受久女龍宮王に挨拶した。

「オレ、神さまとか仏さまとか、正直わかりません。ここに連れられたのも意味がわかんないし、隣にいるキジムナーのこともよくわかってない。けど、悪いヤツじゃなさそうだし、オレは意味があって沖縄に来たっていうキジムナーの言葉を信じてみようかな…と思い始めてます。しばらく沖縄にいさせてください」

神さまとの対話なんて、なにからしたらいいのか正解がわからないまま、かつのりは思い浮かぶままの言葉を呟いた。

するとと、どこからともなく、エコーが効いたような女の人らしき声が響いた。

「上へ来なさい」

かつのりはビックリして目を開けたが、誰もいない。隣のキジムナーのほうへ勢いよく視線を移すと、キジムナーはニコっとして頷いた。

かつのりはキジムナーの後ろについて本殿をあとにして、さらに石段を登った。

「さっきの声は、なんだったんだろう。誰もいなかったし。聞き間違い？　いや、ハッキリ聞こえたよな」

そう頭の中で思っていると、キジムナーが振り返った。かつのりの目の前には、３つの石碑が並んでいる。

「ここが天受久女龍宮王御神の鎮座地。一番右の石碑がそうだよ。つまりね、ここに鎮座しているんだ。さっき、かつのりに話しかけたのは、この神さまだよ」

「えっ、さっきの声、ホントだったのか！　確かにこの石には神さまの名前が刻まれてるけど……」

普通の石碑じゃん、と言葉に出そうとした瞬間、さっきと同じエコーが効いたような女性の声が響いてきた。

「よく来ましたね、かつのり。私の名は、天受久女龍宮王。おまえたちの世界では、天照大御神と呼ばれています」

「か、神さまの声が聞こえる……。キジムナーも聞こえるのか？」

「うん。ボクにも聞こえるよ」

驚きながらも、不思議とかつのりの中に恐れはなく、話してみたいという好奇心が湧いてきた。

「えっと、あなたがアマテラスの大元っていうのは、どういうことですか？」

「人間の世界の数字で計るのは難しいのですが、数億年前に私はこの地球、今は沖縄と呼ばれることの地に、この日本を作るために、宇宙から降り立ちました。

その後、地球の時間軸にあわせ、のちの時代には久高島《くだかじま》に2代目が、そのさらにのちには北部の伊江島《いえじま》に3代目が降りてきました。この3神をもってして、〝天照大御神〟なのです」

「えっと、じゃあ……アマテラスは1神だけじゃなくて、その時代ごとの天照大御神がいるということですか？」

「その通り。神というのは、**役割**。別の場所では別の名前で呼ばれたりもする」

「あーそれって、人間の企業にたとえると、この部署に配属されたら新しい役職を渡される、みたいなこと？　肩書きや仕事の内容が変わったりするようなものですかね？」

「おまえたちの人間社会では、そう言えるでしょう。ひとつの神にいくつもの名がついているのは、そういう理由からです」

「なるほど。神さまも、オレたち人間のように、それぞれの配属先で仕事をしているということですね？　なんだか、一気に親近感が湧いてきたぞ。じゃあ、有名な伊勢神宮の天照大御神とは？」

「言ってしまえば、人の姿形をした私の分身です」

「へっ!?」

「元々、私がこの地へ降り立った時、**龍**として降り立ちました。そのため、私の名には〝龍〟の文字が入っています。

その後、ここ沖縄以外にも天照大御神としての役割が日本にとって必要となり、内地へ渡るのであれば、龍の姿よりも人の姿形がよろしいだろうということで、ここから伊勢へと、人型の天照大御神として渡り、日本を治めてきました」

「わっ、神さまにも出張があるということかぁ。それで内地では、女神の天照大御神として存在しているということなんですね」

「その通り。伊勢のアマテラスは日本国の総氏神としての役目があったため、まさかこの沖縄から来ているとは公言できなかった。しかし、宇宙も地球も、そして人間界も時代の転換期に入っており、おまえたちは真実を知る時を迎えている。そのため、こうしてあなたにお伝えしているのです」

神は皆、龍として降り立った

かつのりは、天受久女龍宮王御神の言葉を、自分でも驚くほどすんなりと受け止めていた。

「真実かぁ。オレ、神とか仏って信じていなかったんだけど、あなたの話はなんだか信じたいなって思えます。ところで、さっき神さまは〝龍〟として降りてきたって言いましたよね？　それってどういうことですか？」

「この沖縄という地の神々は、皆、**龍**です。なぜなら、宇宙から降り立つ際、この地球の環境に耐えうる形態が、**龍体**だったから。その後、人型《ヒューマノイド》となる神々も地球に現れました。そもそも、おまえたち**人間の祖先も龍**なのです」

「えっ！　オレたちは龍の子孫ということ？」

「その通り。おまえたちの父も母も龍なのです。この沖宮で祀られているが、沖縄のとある地に、今もなお鎮座しています。このあと会いに行くとよい。そこにいるキジムナーが、あなたを連れていってくれるでしょう」

「オレたちの祖先でしょ？　会えるものなら、もちろん会ってみたいな。キジムナー、よろしく」

ヤジムナーはかつのりの右上に浮きながら、嬉しそうに頷いた。

「ところで、あなたの隣に並んでいるほかのふたつの石碑も、神さまなんですか？」

「そう。私のすぐ隣が、**天受久男龍宮王**《てんじゅくおりゅうぐうおう》。おまえたちの世界では、**須佐之男命**《すさのおのみこと》という名で知られているでしょう。アマテラスと同じように、スサノオの大元もまた龍であり、ここには龍神として鎮座している。そろそろ、月読尊《つくよみのみこと》もこの地に現れるでしょう。

その横にいるのは、**底臣幸乙女王**《そこしんこうおとめおう》。この者は、龍神ではありません。これからあなたが会いに行く、人間の祖先である父龍と母龍から生まれた3番目の息子の奥さまです。この女神は3姉妹ですが、私たち龍神のように、出身星は違えど宇宙から降り立ちました。この女神たちがいるからこそ、人間としてのＤＮＡがおまえたちにまで紡がれているのです。ですから、人間の先祖であり、母といえるでしょう」

「はー。ということは、オレたち人間がすごく大事にしなきゃいけない女神ってことっすね？」

「大切にしてくれたら、女神もその旦那の龍神をはじめ、龍神家、皆が喜ぶでしょう」

「この女神さまの旦那である龍神と、その兄弟にも会いに行けるよ。ボクがいつか案内してあげる」

キジムナーが隣で得意げに言った。

神の子としての自覚を取り戻せ

「沖縄では、今でも神さまがこの地に鎮座していて、会いに行けるのか。しかも宇宙から降りてきたという、龍神にも女神にも……」

かつのりがそう独り言を呟くと、天受久女龍宮王が応えた。

「そうです。おまえたちの祖先であり、**人類のDNAの祖**ともいうべき龍神が、この地にはいる。つまり、この地から誕生した日本人は、もともと**龍神の子**。神の直系としてDNAを受け継いでいる者なのです。もちろん、あなたも。どうか、その自覚をもってください」

「龍神の子としての自覚……そう急に言われても、正直、実感ないしなぁ」

「そのためにも、この地で主要となる龍神をはじめ、さまざまな神々や仏に会いに行ってほしいのです。あなたにたくさんの智慧《ちえ》と気づきを与えてくれるでしょう。あなたがなぜこの地に呼ばれたのか、その意味も理解できるはず。さぁ、行きなさい」

「……わかった。とりあえず、行ってみるよ。ありがとうございました！」

かつのりはお辞儀をしてから、キジムナーとともにその場をあとにした。

炎に宿る封印された女神

不動明王《ふどうみょうおう》の教え

天受久女龍宮王から離れ、少し歩いたところで、かつのりは火の気配を感じた。

「キジムナー、なんだかさっきから熱を感じるんだけど。どっか燃えてないよな？」

「さすが、かつのり！　よく気づいたね。燃えている仏さまにもご挨拶しよう」

「燃えている仏……？」

元気よく進んでいくキジムナーについていくと、赤い炎を背にした仏の石像が目に飛び込んできた。

「こちらは、不動明王《ふどうみょうおう》。〝お不動さん〟って呼ぶ人もいるよね」

ヤジムナーに紹介された仏さまを前に、かつのりは少しビビった。

「あのさ、すごい厳しそうな顔してるけど、怒ってる？」

「我はおまえに怒っているわけではない。この顔は忿怒相《ふんぬそう》といって、煩悩にまみれる人々を救いたい我の覚悟なのだ」

「へ？　この仏も喋れるのか!?」

石像のほうから、突然声が聞こえてきた。

「ああ。おまえは神と仏に会うために、わざわざ海を渡ってきたのだろう？　お見通しだ」

「い、いや、会うためにってわけじゃなかったんだけど……。

せっかく話ができるなら聞いちゃおうかな。その背中にある炎、熱くないですか？」

「我にとっては熱くはない。これは我が発するエネルギーの象徴。人々の煩悩を焼き払うためのものだ。かつて、ある女神がこの我の炎に宿ったことがある」

「えー！　熱いじゃん。人間なら死ぬだろ、普通。その女神とは、誰ですか？」

険しい表情はそのままに、深みのある声で不動明王は続けた。

「内地には、『古事記』や『日本書紀』といった神話が残されているだろう。たくさんの神々の物語が記されているが、各地で痕跡はあれど神話に登場しない女神がいる。それが、**瀬織津姫**《せおりつひめ》だ」

「ふ〜ん、オレは神さまに詳しくないから知らないなぁ」

「知らなくてもおかしくはない。なんせ、瀬織津姫は天皇家に封印されたからだ」

「封印？　天皇家に？」

「以前より瀬織津姫は、罪や穢《けが》れを祓《はら》うなど、浄化を司る強力な水の女神として、日本にとっても神々にとっても重要な存在だった。しかし、天皇家はアマテラス信仰で国を統一しようと考えた。そうなると、すでに国で力を持っていた瀬織津姫との2神になってしまう。そこで、瀬織津姫が登場しない『古事記』へと書き換えたのだ。書物では唯一、祝詞《のりと》である『大祓詞《おおはらえのことば》』に登場するだけ。それ以外は、瀬織津姫の存在は封印されてきたのだ」

「え、それってセコくないか？」

納得できないという表情で、かつのりは身を乗り出した。

「瀬織津姫はそれまでずっと、長きにわたり日本を守ってきた神だ。おまえが思うように、本人も当然、納得はいかない。でも事を荒立てずに、その怒りを世に表そうとした。そこで、我のこの燃える火炎に、瀬織津姫は怒りを宿したのだ」

「なるほど！　それで、誰か気づいてくれたのか？」

「ああ。最初はほんの数人だが、この炎はなにか違う……かつて存在したとされる水の女神ではないか？と気づいた。これは大変だ、神を救出せねば、となったのだ。封印された存在を復活させるには、どうすればいいか、わかるか？」

　不動明王からの問いかけに、かつのりは首を傾げつつ答えた。

「うーん、もし自分がいないものとされて、隠されたとしたら……こんな人がいたよ、と名前だけでも知ってほしいかな」

「うむ、そうだろう。瀬織津姫の復活の際も、その名を多くの人間に知らしめることで、封印を解除することができた。はじめは、人間のうち数人程度だった。それが、瀬織津姫の名をすでに知った者からさらに広がり、100人、1000人、1万人、そして集合意識としてその名が知られ、復活させたのだ。

　今は、天照大御神も瀬織津姫も、手をとりあっている」

宇宙からの真実を龍がつなぐ島

「神さまたちの世界もいろいろあるんだな。人間みたいじゃん。……ところで、お不動さんの後ろにあるデカい石に文字が刻んであるじゃないですか。ちょっと違和感があるんだけど」

かつのりが指摘した、不動明王の背後にある大きな石碑には、こう刻まれている。

琉球
うるま世界平和の島
沖縄

「なんで〝うるま〟に〝世界平和の島〟が続いているんですか？　沖縄なんだから、〝沖縄世界平和の島〟でもよさそうなのに」

「なかなか鋭いな」

そう言うと、不動明王は説明を始めた。

「もともとここ沖縄は、その昔、琉球と呼ばれていたが、それ以前には**宇龍真**と書いて、通称〝うるま〟と呼ばれていた時代があった。〝珊瑚の島〟や〝珊瑚に囲まれている〟という意味がある。このことを知る者は沖縄でも少ない。

この漢字を思い浮かべてみよ。宇は、宇宙の〝**宇**〟。龍は、龍神の〝**龍**〟。そして、真実の〝**真**〟。文字にはそれぞれに力が宿っている。そこから読み解くと、うるまと呼ばれたこの地には、**宇宙からの真理を龍が結ぶ島**という意味があるのだ。ただこの漢字は現代人が読むには難しい。かつ、漢字に宿る霊性エネルギーが強すぎるためひらがなにして、沖縄を作ったとされる神の墓がある場所を含む2市2町が合併する時に〝うるま市〟と名づけたという経緯がある」

「なるほど。もともとこの島は、龍が天と地をつなぐ、うるまという場所だった。だから、〝うるま　世界平和の島〟になっているということ？」

「その通りだ。内地もそうだが、沖縄は3を大切にしている。内地では『三種の神器』が有名だろう。この地は、宇龍真・琉球・沖縄と、3回すでに名が変わった。よほどのことがない限り、これ以上変わることはないだろう」

「ふ〜ん。さっき話した天受久女龍宮王は、最初に龍として沖縄の地に降り立ったと教えてくれたけど、だから沖縄は〝**龍の島**〟ともいえるわけですよね。それを昔々の人はわかっていて、宇龍真って名づけたということか」

「ああ、そういうことだ。おまえはここからさらに、龍の物語に出逢っていくだろう。そうして、おまえは本当は何者なのか、なにをする役目があるのか、思い出すだろう」

「鎮座地」と「降臨地」

不動明王から教わったことを考えながら、かつのりはキジムナーの少し後ろを歩く。

「どこへ行くのかわからないけど、コイツの案内に従ったほうがよいんだな」

かつのりは、自然とそう思えていた。


「ここで、クイズ！」

突然キジムナーが、かつのりのほうを振り返って言った。

「神さまの〝降臨地〟と〝鎮座地〟の違いはなんでしょう？」

「は？　なんだよ、いきなり。んー、龍神と女神は宇宙から降り立ったと言っていたよな？　その降り立った場所が降臨地じゃないのか？　鎮座地は、さっき天受久女龍宮王がいたような場所だろ。つまりは、そこに鎮座している場所。そのままだけど」

キジムナーは、ハハッと笑いながら答えた。

「うん、そうとも言えるね。簡単にイメージできる答えを教えると、

降臨地＝宇宙からの下りのエレベーター
鎮座地＝宇宙への上りのエレベーター

なんだ。鎮座している神さまたちは、その鎮座地からご希望であれば宇宙にそのまま還ることができるんだよ」

「確かにイメージしやすいな。鎮座地からそのまま上にのぼって還れるということは、そこの場所にオレたちも行くと、宇宙につながりやすいってことか？」

「その通り！　すんなり答えられるなんて、かつのりもだんだん神さまたちの世界になじんできたね」

「うーん……そうなのか？」

「鎮座地のほかにも、宇宙とつながっている場所があるんだ。それが、ここ」

そう言われて着いた場所には、自然な色合いの木でできた素朴な小さい鳥居が佇んでいる。

「この鳥居をくぐると、宇宙旅行だよ！」

キジムナーの声は楽しそうだ。かつのりも、続いて鳥居をくぐった。

目の前には、岩で組まれたしっかりした台座があり、見上げると上には石碑が載っている。

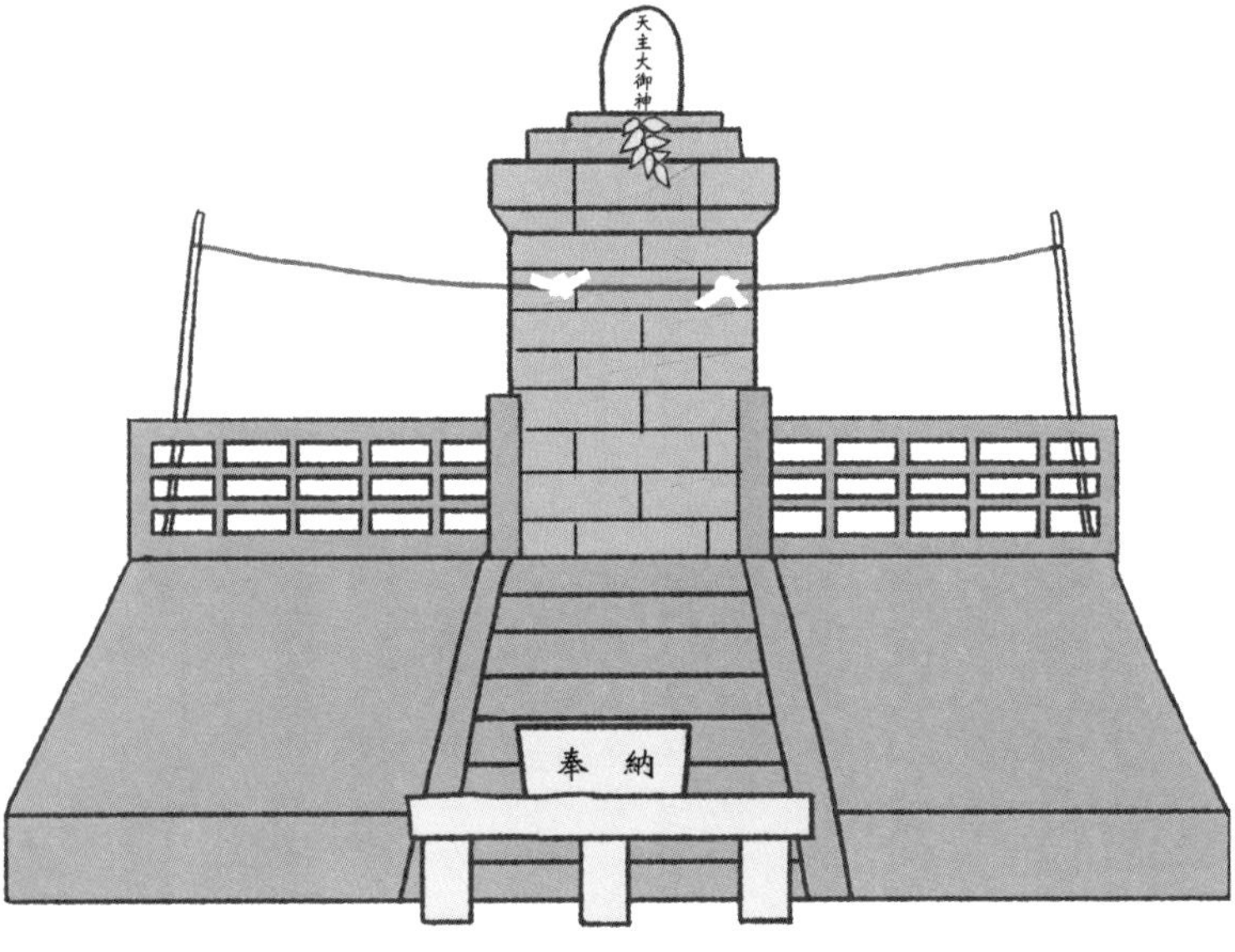

「この神さまは、天主大御神《てんしゅおおおんかみ》。別名、うてんうやがなし。琉球語で、〝うてん〟とは宇宙の意味。〝がなし〟は神さま。だから、宇宙の神さまってことだね。内地では、『古事記』に登場する天之御中主神《あめのみなかぬし》にあたる神さまだよ」

「宇宙の神って、ずいぶんと壮大な感じだな。でも、ここに入ったら、さっきから軽い目眩っていうか、クラクラするんだけど」

普段はあまり感じない体感を、かつのりは感じていた。

「うんうん、わかるよ。それはね、この場所が宇宙とガッツリつながっているからなんだ。沖縄にはね、天と地と底という3つに、ダイレクトに結びついている場所があるんだ。ズドンと縦につながっているんだよ。ここは、その〝天〟である宇宙とつながっている場所。ほかの2つもあとで案内するね」

キジムナーは変わらず身軽な様子で浮かびながら、話を続けた。

「この神さまの台座と石碑、ちょっとアンバランスだと思わない？　下の台座は重厚でドシンとしているけど、それに比べると石碑は小さめでしょ。裏ストーリーを教えちゃうけど、もともとはここ、別の神さまのために造られたんだって。でも台風が来ては、何回も石碑が落ちてしまった。その時、天主大御神の石碑は地上に祀られていたんだけど、宇宙の神さまなんだから台座の上の高い場所へ置いてみようか、となったんだ。そうしたら、ピタッとおさまった。台風で落とされることもなくなったんだって。きっと、宇宙の神さまだし、宇宙に挨拶するのであれば上を向くほうがいいよと、神さまが教えてくれたんだろうね」

「へぇ。自分の居場所はここだって、わかってほしかったのか。確かにここだと、頭を下げるのではなくて、上を向くのが自然だな」

かつのりもキジムナーも、上を向いて手を合わせた。

寿幸宇天良《じゅこううてんら》長老の教え

宇宙を守る〝おじい〟

「かつのりに、すごーい重要人物を紹介するね」

キジムナーが、天主大御神から数メートル離れたところに建つ、石像を指した。

すると、ゆっくりとした口調で高い声色のおじいさんの声が聞こえてきた。

「おうおう、よぉ来たのぉ」

「……もう驚かねえよ。今度はどんな神さまなんですか？」

かつのりは、神や仏と対話ができることに免疫がついてきた。

「おじい（沖縄方言で「おじいさん」）は、宇宙を守っている寿幸宇天良《じゅこううてんら》長老だよ」

キジムナーが代わりに答えた。

「まずは、おじいに、さっき教えた神さまへの基本のご挨拶をしてみて」


そう言われて、かつのりは心の中で、名前・住所・干支を告げた。

「おう、そなたか。んーーー、かつのりはだな……」

宇天良長老はそう言いながら、左手に持っている巻き物をパラっと開いた。

「その巻き物、飾りじゃないの!?　もしかして、オレのことが書いてあるのか？」

一人ひとりがもつ「約束した使命」

キジムナーが隣から付け加えた。

「かつのりが、自分のしたいこと・叶えたいことを思い浮かべてみて」

「オレのしたいことって、夢ってことか？　……オレ、人生うまくいかなくて、再出発しようと思ってここに来たばかりだからな。夢って言われても……」

「大丈夫！　現実的に叶うかどうかは、ここで考えないで。どんなにぶっ飛んでてもいいよ。本当にかつのりが、やってみたいと思ったり、叶えたいと思うことなら」


　ここまで言うと、急にキジムナーが声をあげた。

「あ!!　そうだ、かつのり。ほとんどの人間は神さまに〝～ますように〟とお願いしているよね」

「そうだね。七夕の短冊を見ても、絵馬を見ても〝～ますように〟と書いているね。子どもの頃に先生や周りの大人からそう教えてもらったし」

「じつはね、〝～ますように〟は叶っていない状況の言葉だから、この言葉を使うと〝叶わない状況〟が叶ってしまうんだ。だから気をつけてね」

「そうなの？　めちゃくちゃ大事なことじゃん」

「そうなんだよ。だからお願いするポイントは、すでにできている、叶っているという〝～いますす〟〝〜ました〟系で伝えること。そして、できるだけ具体的にね。それを聞いたら、おじいが巻き物を読んでくれるから」

言われるままに、かつのりは思い浮かぶことを、一つひとつ伝えてみた。現実的にムリだろうと諦めていたことや、過去に憧れていたこと、こうなりたいという自分の姿を、丁寧に心の中で拾って言葉にしていく。

「ないでしょ。夢物語すぎるでしょ」というようなことが、すーっと頭に浮かぶ。自分でも忘れかけていたような夢だけど、かつのりは自分の中で言葉にしてみた。

どうせ誰も聞いていないんだ。

「ふむふむ。そなたは、この沖縄の地に暮らすようじゃな。そうして、人々が集うような場、みんなが安心して休めるような場を作る。形になるのは半年後の8月。それが仕事になるぞ」

誰も聞いていないと思っていたのに、目の前の長老が遠慮もなく話し始めた。

「ちょっと！　誰にも言ってない夢だし、大声で言われると恥ずかしいんだけど。でも、じつは、まさにそれは思い描いていた夢なんだよね。これまでマジックをしながら全国を巡るうちに、出会った人たちが楽しく集まったり、日頃は忙しい日々を過ごしている人たちが、ゆっくり海でも見ながら過ごせるようなゲストハウスをいつか作れたらいいなと、漠然と思っていたんだ。でもさ、叶わない夢だと思っていたからなぁ。しかも、半年後って……」

「そう巻き物に書いてあるからな。なぜなら、それがそなたの**使命に合致した夢**だからじゃ」

「え、どういうこと？」

意味がわからず、かつのりは長老に尋ねると、相変わらずゆっくりした口調で答えた。

「そなたたちはな、この地上に生まれる前に天で、ある約束をして降りてきているのじゃ。その約束こそ、今世の役目であったり、各々がもつ使命なんだよ」

「人生の役目と使命……」

「そう。そなたたちの**約束した使命**が、この巻き物には書かれておる。書かれてあることは現実になるんじゃよ。しかし、地上に生まれたら、その瞬間に約束なんぞ忘れてしまっているだろう。だから、今世ここに生まれてきた理由や約束した使命を思い出させるために、この巻き物があるのだ」

なんだかすごい秘密を聞いちゃった気分だなと思いながら、かつのりはその秘密を探ってみた。

「つまり、長老が持っている巻き物に書いてあることが、オレたちそれぞれが生まれる前に約束してきた使命であって、決めてきた人生の目的ってこと？　じゃあ、巻き物に書いてあったら、その夢は叶うのか？」

「合致したらな。ただな、ワシは夢を叶えるおじいではないぞ。そなたたちの使命や、生まれる前に願ったことを、思い出させているだけじゃ。その人がしなければならないことや生まれる前に願ったことを、この場で思い出して合致したら、宇宙からも後押しされる。そうすると、人によってはその場で奇跡のような変化が起きたりするんじゃ。だからな、合致したら、現実になるのは早いぞ。ホッホッホッ」

「ということは……」

長老の乾いた笑いとは裏腹に、かつのりは真剣に長老の話を頭の中で整理した。

「オレたちは、オギャーと生まれてくる前に、人生を決めてきているということ？」

「そうじゃよ。こうなったらいいなと願うことは、そもそも、そなたたちが自分で決めてきたこと。でもハッキリ覚えておらず、うろ覚えだから、叶うかわからない〝夢〟としているにすぎないのじゃ。そなたが言ったように、人間は生まれてくる時に、今回の**人生のすべてを決めてから来ているの**じゃよ。だから今日、そなたがここに来ることも、そなた自身が決めてたんじゃ」

「それじゃあ、オレが沖縄に来たのも、生まれる前から決めてたってこと？」

「そう、すべて自分で決めておる。もし今世で嫌なことが起こっても、それすら経験してみたいこととして決めてきておるんじゃ」

「じゃあ、オレがブラック企業で働いたのも、トイレットペーパーを食べたのも、すでに決めてたってことか!!」

「そうじゃ。それを知れば、イヤな出来事も自分で決めたことなんだから、腹も立たんじゃろ」

「確かに……」

過去世やカルマにとらわれない

長老の話を聞いて、かつのりのなかに疑問が湧いてきた。

「今世で起こることを決めてきているならさ、過去世とかカルマってどうなるわけ？　昔、バーのお客さんが、過去世とかカルマのせいで今こんなことが起きているんだって、嘆いている人がいたんだけど」

常連客だった女性が、なにか自分にとって良くないことが起こると、いつもそう言っていた光景が頭をよぎった。

「過去世のせいで、家族に暴力的な言葉を投げつけてしまう」

「カルマがあるから、自分は幸せになってはいけない」

その女性は、そんなふうに言っていたのだ。

「確かに、人間には、過去世や過去に背負ったカルマが、今世に影響しないことはない。ただな、気をつけてほしいのは、過去世やカルマのせいにしてしまうことじゃな」

「というと？」

「たとえばじゃ。かつのりが、過去の人生で人を殺《あや》めてしまったとしよう。そんな過去世を持つ人はたくさんいるがな。その過去世のせいで、かつのりとしての今世で罰を受けるか？」

「それはないよね」

「そうじゃろ。過去世で暴力をふるってしまった、またはふるわれていたというカルマがあるからといって、今世で家族に手をあげてしまうとしたら、どうじゃね？」

「それは、違うよね。カルマがあるからって、今世で乱暴をしていいわけないし、乱暴されて仕方ない、なんてことはない」

ウンウンと、ゆっくり相槌を打ちながら長老は応えた。

「だからな。そなたたちは、過去世やカルマのせいにして、今世、不幸になる必要はないんじゃ。だって、はじめに人生を決めて、生まれているんじゃからの。だから、今世のそなたが幸せに暮らすこと。それが、過去世のそなたをも幸せにするんじゃよ」

長老は、ひと呼吸置いてからこう続けた。

「この近くにある恵比須《えびす》神社へ行くといい。そこに神人がいる。そのおじいから、〝縦軸を揃える秘儀〟を授かるのじゃ。いいか。ワシは宇宙である天を守る長老。同じように、地を守る者と、底を守る者がそれぞれいる。詳しく教えてもらうがよい」

「秘儀？　そう言われると、すごく知りたくなってくるな……。わかった、長老。行ってみるよ」

「ちなみに、かつのりにはほかにも、すごく重要な使命が巻き物に書いてあるからの。時が来たら、それに気づくだろう。ホッホッホッ」

宇天良長老の笑い声が響いた。

column

奥の院で拝む本当の意味

皆さんも神社やお寺に行くと、「**奥の院**」があると気づくことがあるかもしれません。

なかには、奥の院が大好きという人もいるでしょう。

奥の院とは、神社やお寺の本殿・本堂よりも奥、または裏側にあって、神さまや仏さまを祀っているところのこと。祀っていなかったとしても、奥に回っていけるようになっている寺社も多くあります。

ではなぜ、奥の院があるのでしょうか。

そこで拝むことには、どんな意味があると思いますか？

宮司さんによっては、奥からのほうがパワーが強いという方もいるので、ここでお伝えすることはひとつ

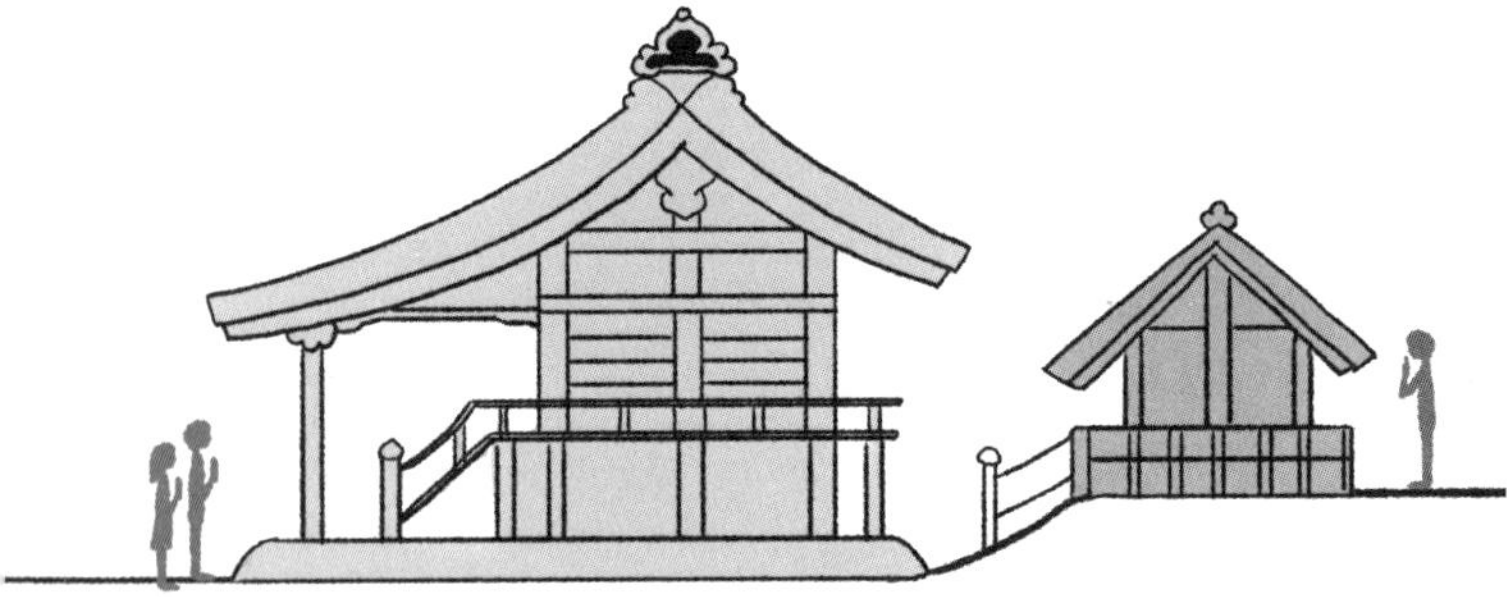

の意見としてとらえてくださいね。何を採用するかは、皆さんにお任せします。

まず、本殿の裏手にある奥の院から手を合わせているところをイメージしてみてください。

その時、神さま・仏さまと同じ方向を向いていますよね。そして、正面から手を合わせている参拝者と向かい合う形になります。

参拝をする方々は、神さま・仏さまに願い事をしていますよね。まだまだ参拝者の多くは、神さま・仏さまに「ください」という精神《マインド》で手を合わせています。

もし、本殿裏手の奥の院から同じような「ください」精神《マインド》で拝んでいると、参拝者とひっぱり合ってしまいます。

この本で私が皆さんに自覚していただきたいことのひとつが、

「私たちは神の子」

ということ。

なので、〝**神の子**〟として奥の院に立ちましょう。

そして、参拝者の人たちに対して、

「あなたたちの平和と豊かさと幸せを願います」

という意識で、手を合わせてみてください。

そうすると、参拝者に対して、ひいては日本国民や世界中の人に対して、

「平和をともに創りましょう」

と、神さまと協同創造ができるのです。

神の子として協同作業をするには、まずは私たち一人ひとりが「ください」精神《マインド》から脱却することが先決。不足の精神では、いつまでたっても満たされないからです。
だから、先に「出す」。奥の院で、「あなたのために、皆さんのために〝あげます〟」という精神で手を合わせることで、自分から出す。
出すと返ってくる。これこそ、宇宙の法則なのです。

第2章

人類の祖

人類の始まりの場所へ

「かつのりに絶対会ってもらいたい龍神さまのところに行くから、ちょっとボクの肩に掴まって」

沖宮を出たところで、キジムナーはかつのりにそう言った。

「お。おぉ、わかった」

「じゃ、行くよ！」


次の瞬間、違う景色の中にふたりは立っていた。かつのりの目の前には、うっそうと茂るシダの葉と、その葉に隠れるように大きな岩壁がある。

「少し離れたところから、この岩を見てみて」

キジムナーに言われた通り、数メートル離れて岩壁全体を見てみる。

「ちょうど中央で岩の色が分かれている。右側が黒くて、左は白いんだな。……ん?? ちょっと待てよ、この岩……龍の顔そのままじゃないか！」

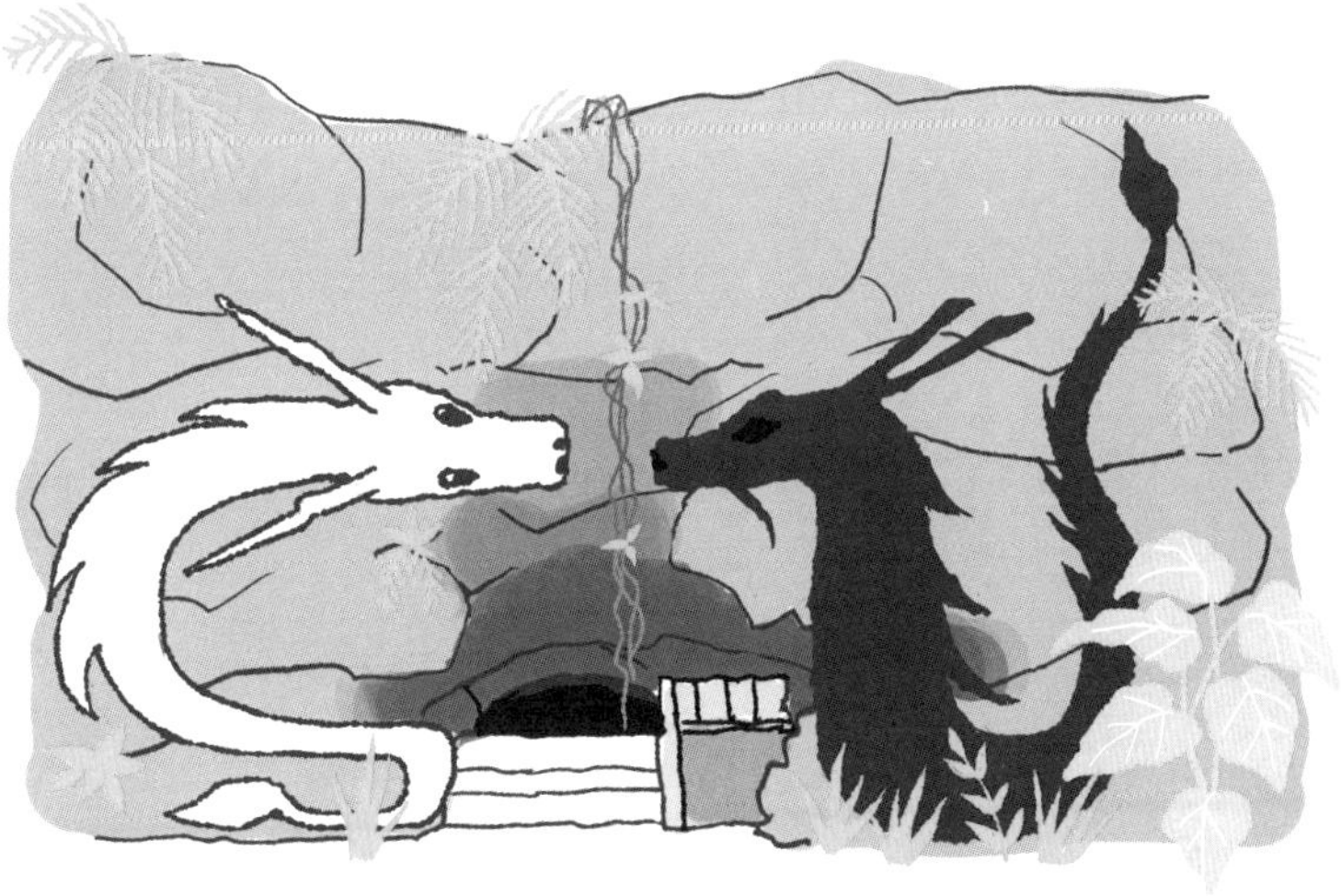

目を凝らして見つめていると、ゴツゴツした岩に龍の横顔がくっきり浮かび上がるのを、かつのりはハッキリと見てとった。

「よく気づいたね。そうなんだ。黒龍と白龍の顔が見えるでしょ。この龍こそ、キミたち**人間の祖先の龍神さま**だよ」

キジムナーのその言葉を聞いて、かつのりは沖宮で天受久女龍宮王に言われたことを思い出した。

「〝おまえたちの父龍と母龍が、沖縄の地にいる〟って言っていたのは、この龍神ってこと?」

「そう。**黒龍が父龍で白龍が母龍**だよ。キミたちの古い両親だね。

この龍神さまは、地球にまだ人類も誕生していない時代に、宇宙にあるオリオンという星から一緒に降り立ったんだ。その**降臨地**が、まさにここだよ」

そう聞いて、かつのりは辺りを見渡した。

「ここは公園の敷地内か？　道の向こうには大きいマンションも建っているから、この場所も開発されてもおかしくないのに、ちゃんと残されているんだな」

「今の沖縄の人たちで、ここがまさか自分たちの古い両親の降臨地だなんて、知っている人はひと握りしかいない。でも知っている人たちがなんとか守ろうとしてきたし、知らなくても、なぜかここは手を出せないと思う人たちも多いんだ。沖縄には、そこら中に御嶽があるから、やたらに掘り起こせない土地も多いしね。開発もたくさん進んでいるけど、内地から比べたら慎重だと思う」

「なるほど。それでちゃんと形も崩れずに残されているんだ」

かつのりは目の前の岩壁にハッキリ浮かぶ龍の顔を見つめた。

「黒龍と白龍は、ここで3人の息子を産んだんだ。ほら、岩壁の下に、3つの岩があるでしょ？あれが3兄弟を表すんだよ。もちろん3人とも龍神だよ」

そう言われてかつのりは、黒龍と白龍の岩の下を覗きこんだ。奥は暗くてよく見えないが、確かに岩が3つになっている。

「ここで龍の子を産んだのか。ようは、人間ではないけど、地球初の子どもってこと？」

「そういうことだね。最初は龍だったけど、時代を経ていろいろな経緯があって、最終的に人間になったんだよ」

「それって、すごい話だな！　ということは、オレたち**人類の始まりの場所**がここってことなのか？」

かつのりは、壮大なスケールの話を、頭の中でなんとか理解しようとした。

「すぐには実感できないけど、すごい重要な場所に、今、オレは立っているってことだよな。ところで、ここが龍神の降臨地ということは、今は別の場所に鎮座しているんだろ？」

「そう、よくわかったね。下りエレベーターの降臨地がここ。上りエレベーターの鎮座地は、また別だよ。しかも、両親の龍神と3兄弟は、みんなバラバラのところに鎮座しているからね。それぞれに会いに行こうか。まずは、礼儀的にも両親からね」

父龍　天龍大御神《てんりゅうおおおんかみ》の教え

人類の祖先である父龍

「さ、この水場でまずはご挨拶しよう」

かつのりとキジムナーは、木が茂る小さい森のような場所の前にいた。すぐ向かいには民家が並ぶ。

「神さまがいるような御嶽にある水場は、〝カー〟または〝ガー〟って呼ばれるんだ。カーには〝**龍泉**《イジュン》〟のエネルギーが満ちているから、御嶽にカーがある場合は神さまに会う前に、先にここでご挨拶してから入らないといけないよ」

言われるままに、かつのりもカーに手を合わせた。

カーの裏手に、人間を数人まとめて包み込んでしまえるほどの、大きな木がどっしり構えている。

その幹には、高さ50センチほどの石碑がある。

強い陽射しから隠してくれる大きな木の下に入ると、かつのりはその涼しさにふぅと息をついた。

「おかえり」

突然、力強さを感じる男の声が響いた。

「えっ……た、ただいま」

反射的にそう答えたかつのりは、声の主を探そうときょろきょろ見回した。

「ここだ、かつのり。おまえの頭上の木にいるぞ。さっきおまえが見てきた黒龍だ」

「え？　あなたが父龍!?」

かつのりが叫んだ瞬間、ぶわっと強い風が吹き抜けた。

「そうだ。我こそ、天龍大御神《てんりゅうおおおんかみ》。おまえたち人間の始まりの祖となる父だ」

「父……まさかオレたちの親父が龍だったなんて。誰からも聞いたことないよ」

「そうだろう。この話はここ沖縄にしか残っていない。しかも、時代とともに、この話も忘れられてきているからな」

父龍の動きに伴ってだろうか、木の枝がザワザワと音を立てて揺らめいている。

「おまえに、人類誕生の物語を授けたい」

龍体と人間体が共存していた世界

「地球は生まれていたが、まだ人類が誕生していない頃の話だ。地球は今のような地形をしていたわけではないが、そこに我は、のちに母龍となる女神とともに、地球に降り立った。そこが、おまえがここへ来る前に立ち寄った、あの降臨地だ。そうして、3人の息子が産まれた。龍と龍の子だから息子たちも龍体を持つ〝純血〟の龍として生まれ、成長した。息子たちは、それぞれ嫁をもらうことにした。その嫁姫とは、宇宙から舞い降りた人型の宇宙存在。つまりは、ヒューマノイドの宇宙存在の女神たちだったのだ」

「ちょっと待った！　ぶっ飛んだ話でついていけない……。お嫁さんは宇宙人ってこと？　あれ、確かその女神のうちの一人に、オレ、すでに会ったような……」

かつのりは、ふと思い出した。沖宮で天受久女龍宮王と対話をした、あの3つ並んだ石碑の一番左が、龍神の嫁だった、と。（P33イラスト参照）

「その通りだ。おまえはすでに、3男の嫁である底臣幸乙女王に会っているな。人型《ヒューマノイド》の女神たちが我が龍神家に嫁ぎ、そこで生まれた9人の子どもたちは、**龍と人のハイブリッド**だった。当初のハイブリッド龍人は、まだまだ未熟だった。この地球に順応するようなDNAに確立されていなかったからだ。その9人の子ども、我からすると孫にあたるが、孫たちからどんどんと子孫が増え、その途中では人としてのDNAを強化するために、さらにもう一度ほかの惑星からヒューマノイドの存在が地球へやって来ている。人類を完成させるために、手伝いに来てくれたのだ。

そうして、長い年月をかけて、今のおまえたちとなる、人間のDNAが完成した」

「……そんな流れがあったのか」

かつのりは頭の中で、当時の地球をイメージしてみた。

「完全に人間になる前の**人間体と、龍体が、一緒に暮らして共存していた**時代があった。オレが子どもの頃に見ていたアニメ『日本昔ばなし』で、龍の上に子どもが乗って飛んでいたけど、あれのリアル版が、本当にこの沖縄にはあったということか」

「そうだ。龍と人は共存し、生まれてくる龍人たちは、**龍と人型《ヒューマノイド》宇宙存在**のDNAを掛け合わせていた。それが、人類の始まりだ。

だから、おまえたち人間は、誰もが皆〝**龍人**〟なのだ」

父龍の声が、かつのりの体の芯に深く響いた。

神武天皇はハイブリッドの代表

「おそらくおまえたち日本人は、神武《じんむ》天皇という名になじみがあるだろう。初代天皇とされる者だ」

「あぁ、オレでも聞いたことはある。歴史の授業で習ったと思うよ」

父龍が動いたのか、木の葉が大きく風になびいている。

「日本全国には、彼の出生について諸説ある。だが、ここ沖縄にしかない物語があるのだ。それが、沖縄の最北端にある伊平屋《いへや》島で、神武天皇は誕生したという話だ。その姿こそ、体の表面には鱗《うろこ》が光り、牙が生え、尻尾もある。身長は3メートルほどあり、2本足で立っていた。つまり、龍と人のハイブリッドだったのだ」

「そうなんだ！　ということは、初代天皇は純人間ではなかったということか。初期の龍人だったということ？」

「ああ、そうだ。龍人が、この日本という国を建国しようとした。それを思っても、今のおまえたち日本人と龍が、強く関係しているとわかるだろう？」

かつのりは、頷いた。

神も龍も人も対等な存在

「龍は不思議な存在とか実在しないものというより、意外とオレたち日本人の多くは龍を身近な存在としてとらえているかもしれないな。オレは『ドラゴンボール』のアニメを見て育った世代だから、余計に龍は当たり前の存在という感覚が近いかな」

「そのアニメは、我々、龍神界でも有名だ。もちろん、おまえたちが楽しみながら接する文化に、龍神が登場することで、存在を認知することは嬉しく思う。

ただな、我々に会いにここまで訪ねてくる日本人や、神を求めて神社や宮を訪れる人間を見ていると、違和感がぬぐえない」

「それは、どういうこと？」


この頃には、天龍大御神の気配を、かつのりも感じるようになっていた。ここにいると、強くて優しい大きな〝なにか〟に守られているのを感じる。


「もちろん、**拝んだり祈ったりすることは日本人の根本にある**。それが今なお、守られていることは素晴らしいことだ。ただ、神社や宮へ行くと、神を〝崇《あが》めたてまつる〟だろう。なぜそうするのか。それは、〝神が偉い、すごいものだ〟と漠然と思っているからだ」

「まぁ、そうだよな。だって、神も龍も、オレたち人間とは違うし……」

「かつのり」

　父龍が、かつのりの話を遮った。

「我の話を覚えているか？

　おまえたち人間の祖とは、我々、龍神だ。つまり、おまえも**龍神家の一員**なのだぞ。もれなく、龍のDNAが組み込まれている」

「あっ、オレたち人間は、龍人だったな。まだ実感がなくて」

「それは仕方あるまい。人間は長い歴史を経る間に、人間と我々を区別してしまったからな。〝神や龍は偉いしすごい〟と崇める時、おまえならどんな気持ちになるだろうか。自分のことをどう感じるだろう？」

　父龍の問いかけに対して、かつのりは真剣に考えた。

「そうだな……オレは神や仏を信じていなかったから、拝むことをあまりしてこなかったけど、想像するに……そもそも誰かを拝むって、その相手をすごいとか偉いって思っているからだよな。

〝神がすごい〟と手を合わせて拝むということは、自分という人間がすごくないから、すごい相手に対して拝んでいるのか。ということは、**〝すごい〟と拝めば拝むほど〝自分下げ〟**をしているということ？」

「その通りだ」

父龍の声が強まった。

「神や我々のような龍に対して、〝自分たち人間と違って〟偉いしすごい存在だといって崇めようとする。この精神が、より我々と人間を**分離**させてしまっているのだ。崇めれば崇めるほど、みずから神を遠ざけてしまうことになる。

日本人とは、もともと龍人だ。我々、**龍神の子孫**なのだ。だから、**龍にあやかりたい、仲良くなりたいと願うのは、おかしな話ではないか？**」

「そうなるよね。だって、自分たちの遺伝子に龍が入っているわけだから。言ってしまえば、**家族**だろ？」

「そうだ。かつのりは、実感がないと言うわりに、腹ではよく理解しているな」

神との対話は身内との挨拶

かつのりは、父龍の気配を感じながら木を見上げた。

「**神が家族、龍が身内**って、オレたちもすごいんだな！　そう思うと、一方的に手を合わせてお願いごとばかりするのは、ちょっと違う気がする。いい歳したオレが実家に行って、アレくれ、コレくれって、親に願いを言い散らかしているようなものだろ？」

「その通りだ。おまえたちだって、家族や身内と会話をするだろう。たとえば、人間は寿命があるから、親や兄弟の健康状態を確認したり、自分が親の立場なら、仕事はうまくいっているか、孫たちは元気に育っているのかと、子どもに尋ねて対話をするのは当たり前のことだろう。

我々に対しても、同じでいいのだ。むしろ、我々がおまえたちのことを思っているように、我々のことを大切な家族だと思ってもらえたら、なによりも嬉しい」

「うん、そうだよな。ここに来て父龍と話していたら、あやかろうとか、大金持ちにしてくれ！とか願おうとは思えない。……まぁ、お金はあったらありがたいけどさ。大切な家族がいる、身内がいるんだってお互いに思えたら、それだけで安心できるし、身内が迎え入れてくれるんだから、このままのオレで存在していていいんだって思える」

かつのりの体をかすめるように、爽やかな風が吹き抜けた。

「ここ沖縄では、かつて、神に拝む人が決められていた。聞得大君《きこえおおきみ》という琉球最大の女神官や、ノロと呼ばれる女性、家庭ではおばあが、主に拝む役目だった。しかし、今の日本では、誰もが拝める。誰もが祈ることができる。誰もが拝みに御嶽や宮に行くことができる。それはなにも特別なことではないだろう。おまえたち日本人が〝**拝み人**〟なのだから」

「そうだね。オレも拝んでいい。だって自分は龍人だし、神はオレたちの身内だからってことだよね。今度はここに、ただいまって、父龍に会いにくるよ！」

「あぁ、いつでも待っているぞ、息子よ」

母龍　天《あめ》久《く》臣《しん》乙女《おとめ》王《おう》御《おん》神《かみ》の教え

人類の母との再会

「お父さんの次は、お母さんに会いに行こう！」

そう張り切って言うキジムナーの肩に掴まると、次の瞬間、また別の景色に立っていた。

目の前の岩の上には木が生い茂り、岩のふもとに石碑がある。

混比羅大明神
天久臣乙女王神
龍泉うみ賜ひ母神

石碑に刻まれた名を読みながら、かつのりは呟いた。

「龍泉…うみ…母神……

なんとなくだけど、母なんだなっていうのはわかる」

「そうでしょ」

キジムナーが石碑の隣に浮いて、指しながら説明する。

「工神の名前の上に、紋章（御紋）があるでしょ。これを見ると、何代目の神さまなのか、どんな神さまなのかがわかるようになってるんだ。この母神さまの紋様は、太陽と月が入っている。それに、漢字の〝一〟があるでしょ。これは〝神世《かみよ》一代〟、つまり最初の親神であるという象徴なんだよ」

「なるほど。じゃあ、この親神の子どもたちだと、〝神世二代〟になるから〝二〟と刻まれているのか」

「そういうこと」

「あらあら。よく帰ってきましたねぇ」

上のほうから、落ち着いた口調の優しそうな声が響いた。

「天龍神への挨拶のあと、この母のところにも来てくれると思っていましたよ、かつのり」

さわさわと、木の枝が優しく揺れている。

「えっと、白龍である母龍ですね？」

「はい、そうですよ。我が名は天久臣乙女王《あめくしんおとめおう》。あなたたちの母神です」

「オレたちの母さんかぁ。あの、なんで親父とは別の場所に鎮座してるの？」

かつのりはキジムナーに連れられてここまで来たから、ここがどこなのか正確な位置はわかっていないが、父龍の鎮座地とはまったく別の場所だと気づいていた。

「あなたたち人間だって、自分が家の中で居心地がいいと思う場所は、どんなに仲の良い家族とはいえ違うじゃありませんか。それと同じですよ。それに、あなたたちの父、天龍とは、距離は関係ありません。我らは龍神であり、エネルギーが在《あ》るのみ。地球上での距離なんてないに等しいのですよ」

「そうか、オレたちみたいに肉体を持っているわけではないから、物理的な感覚とは違うというわけか」

日本人として生まれることの奇跡

高貴さもありながら大らかな気配を感じさせる母龍に、かつのりは安心感を覚えた。

「母龍はこの沖縄に降り立って、人類の祖先となってくれたわけでしょ。祖先がいまだに沖縄に、この日本国内にいるっていうことが、よく考えたらすごいことだなと思うんだけど」

「そう言ってもらえて嬉しいわ。

もともと龍人として、龍と人型のDNAをもっていたのがあなたたち日本人の先祖。そこから時を経て人間として完成したわけです。この話は、父龍から聞いたことでしょう。

このDNAを継いだ日本人として生まれたあなたたちは、それだけでも**奇跡の存在**なのですよ」

「奇跡？」

「ええ。まず、人が生まれる過程をお話ししましょう」

母龍の言葉に続いて、かつのりのまわりを風がひゅうと吹き抜けていく。


「人は生まれてくる時、肉体を持つ前は魂の状態で、お空といいますか、はじまりの場所で、並んで誕生の時を待っています。『ここが最後尾』と案内担当の人に教えられ、ある人気の列につきます。しかし、列の先頭はいっこうに見えません。生まれる時を待つ魂の列には差があります。長い列ということは、それだけ人気の列。その列の分だけ、母親となるその人から地上に生まれたいという魂が待っています。お空の中でいちばん長い列が、日本人のお母さんのもとに生まれるのを待つ列なのです」

「え、それだけ日本人として生まれたいという魂が多いってこと？」

「ええ、そうなのですよ。

人気の日本人母の列に並んだはいいものの、これでは生まれるまでに何万年、ヘタしたら億年かかるかもしれない。それに耐えられない魂は、並ばないでもいい列や、数人待ちの列に変えて、すぐに地上に生まれます。しかし、生まれた先が紛争地帯だったり、餓死と隣り合わせの国など、今の日本が直面しないような危機がある土地に生まれてしまったりするのです。

そうすると魂は、やはり長蛇の列であってもちゃんと並ぼうと、お空に戻り、再度、日本人のお母さんの列の最後尾に並びます。数万年かかろうと、それでも日本人の子どもとして生まれたいと願うのです」

「ふ～ん。それだけ日本人のお母さんは人気なのかぁ。その理由は？」

かつのりは、母龍に尋ねた。

「この地球上で、唯一、途絶えていない人種がわかりますか」

「えっと、日本人？」

「そうなのですよ。人類が誕生してからこれまで、日本人だけが途絶えずその血を継いで生まれてきているのです。ですから、国土こそ小さいですが、日本という国は今なお、全世界から見ても力をもっているでしょ。それは、**日本人が龍人の直系であり、神の民の子**だからです」

地球最高峰の波動をもつのは日本人女性説

「なるほど。それだけ人類史上、途絶えていない日本人のお母さんから生まれるというのは奇跡なんだね。宝くじを何万回か買って1回当たるくらいの確率ってとこかな」

かつのりの言葉を聞いて、母龍はくすっと小さく笑った。

「あなたたちの世界では、その例えがわかりやすいわねぇ。だからね、**龍神直系である日本人のお母さん**というのは、**この地球ではもっとも波動が高い人間**なのです」

「波動が高い……」

「ええ。波動がもっとも高い日本人女性の子どもとして生まれると、そこで男か女かに分類されます。そこで女に分類された日本人女性もまた、地球で最高の波動を有して生まれるのです。その次が、日本人男性なのですよ」

「えっと、性別は生まれた時に決まっているじゃん。もしオレが世界最高の波動を持ちたい！と思っても、それはムリってこと？」

「そうなりますねぇ。日本人女性であれば、生まれただけで、この地球ではもっとも波動が高い存在となるのですけどね」

かつのりは、首を傾げながら言った。

「その話に納得がいかないわけじゃないんだけど、オレの周りでも〝私なんて……〟って自分を卑下している女の子とか、SNSでは〝生まれてくるんじゃなかった〟とか書き込む女の人がいるから。日本人女性として生まれているだけでも勝ちなのに、男のオレ含め、ほかの人たちからしたら、なに言ってるんだって話になるよね。だってオレは、もしかしたら頑張れば可愛いトランスジェンダー女性にはなれるかもしれないけど、女性として生まれることはできない。地球で最高の波動を持って生まれることはできなかったってことでしょ」

「そうですねぇ。ですから、日本人の女性には、龍人であることに加え、**日本人女性であることの自覚と誇り**を持って生きていただきたいなと、母としては思うわけです。日本人女性として生まれているだけで最高なのですから、笑顔で氣高く、そこに在るだけで充分なのですよ」

女性は祈り、男性はサポートする

「それなのに、人間社会では男尊女卑の文化があるよね。母龍が言うのとは、真逆の考えじゃないの？」

「その文化とは、内地の男性が作ったシステムです。本来、女性は〝**理**《ことわり》〟を知って生まれています。**自然の摂理、生命の営み**を当然のように知っているのです。その証拠に、女性には月経があるでしょう。それは、命をその体に宿し、子を産み、育《はぐく》む術《すべ》を知っていることの現れです。

しかし、男性には月経もなければ、子を産むこともできません。自然の理《ことわり》を知ることができない。そのため、苦行修行をしたり、力を行使することで女性を越えようと努力してきたのです。それゆえ、内地では、男が偉い、女は血を流すゆえ穢れであるとし、男尊女卑を植えつけてきたのですよ」

「うーん、そういう背景があるのか。オレもどこかで、男尊的に思っていたかもしれないなぁ」

かつのりは、これまでの自分の態度を振り返ってみた。

「長いこと、内地ではそれが当たり前の考えだとされてきましたからね」

責めることなく、優しい声で母龍は続けた。

「しかしここ、沖縄では逆でした。本来あるべき形として、女性のみが聖地に入り神とつながり、神事をしてきたのです。

一方、男性は狩りをしたり、領土を守るために返り血を浴びる。そのため、聖地に入ることが禁じられていました。

男性は、家族のために外へ出かける。

女性は、無事に帰ることを願って祈る。

これが、沖縄の女性の〝**拝み文化**〟なのですよ」

「なるほど。沖縄では女性のみが聖地に入って祈ることができたのか」

「ええ。だからこそ、神とつながる女性を大切にするのが当たり前でした。時代を経ても、沖縄では神とつながり続け、祈りの文化が途絶えることなく豊かな精神を育んできたのですよ」

男性は女性には勝てない

「とはいえ沖縄でも、神事に男性のエネルギーが入ることもありました。その役割をもつ男性もいて拝み人の女性たちの中で一人、現実的に事をとりしきるためにその役目を負っています。

いつの時代も、女性だけで世界を創ることは難しいもの。現実化するには、男性のエネルギーが必要だからです」

「男は、現実的に考えて、左脳で考えて行動する傾向が強いからな。物質的な形にするのは、確かに男性が得意な分野なのかもしれない。

とはいえ、オレたち男がどんなに偉そうにしてても、結局はお母さんがいなかったら生まれてこれなかったわけだし、女性がいなかったら自分の子をもつこともできないわけだし。女性には勝てないよなぁ」

かつのりがそう言うと、母龍がまた小さく笑ったのを感じた。

「ええ。だから、**男性は女性に勝てない**のですから、さっさと諦めなさい」

「へっ!?」

「**勝とうとすることを諦める**のです。なぜなら、どう頑張っても、女性には勝てないのですから。女性を押さえ込んで勝とうとする力、私利私欲のために行使する力があるのなら、**女性を守るために使いなさい**」

これまででいちばん強い口調で、母龍はかつのりに言った。

「かつのり、頼みましたよ。あなたは大丈夫。なんせ、あなたは我ら直々の龍神の子であり、龍なのですから」

うっすらとよみがえる記憶

「ここを去る前に、すぐ下のくぼ地の前に立ってみなさい」

母龍は別れ際にそうかつのりに伝えた。

「ここのことかな？」

かつのりは段差を下りて、かつては川が流れていたのかと思うようなくぼ地の前に立った。

「なにか感じる？」

隣にいるキジムナーが尋ねる。

「うーーん、特には……」

そうかつのりが答えた瞬間、暗い穴から誰かに手を取られ、明るい場所へ引っ張り上げられている感覚をかつのりは覚えた。

「え⁉　なんだ、これ……」

「だれかに引っ張られている。

あれ、そもそも、これはオレなのか？　人間としての体をしているようには見えない。強いていえば、形はなにもないような……。

それでも、この世界に引っ張り出される感覚がする」

かつのりは、体感覚で、この世へ誕生する場面を思い出した。

「これは、なんだ？　産まれる時の記憶かなにかか？」

困惑するかつのりに、キジムナーは楽しそうに言った。

「それは、キミのある過去の記憶だね。といっても、今のその体を持つキミではないよ。今、その説明をしても、余計に混乱しちゃうと思うから、また別の時にしようか。その時は、キミもなんでこの沖縄の地に呼ばれてきたのか、自分のお役目とはなにかに、気づいた時だと思うよ」

「オレの役目……。そうだな、そのために沖縄まで来たのなら、役目をちゃんと知りたい」

「大丈夫！　きっと次の場所で大きな気づきがあるはずだよ」

column

龍の指の数から祖先を探せ！

神社に行くと、龍の絵や石像に遭遇することも多いですよね。ほかにも、昨今の龍ブームもあり、龍神のアートなどを目にする機会も増えたと思います。

皆さんの家でも龍を飾っていたり、絵を持ち歩いている人もいるのではないでしょうか？

ではその龍、〝何本指〟ですか？

内地の龍は、ほとんど3本指で表現されています。

3本指の龍とは、「国を生む龍」。国造りにともに励む役目があるからこそ、内地にいるわけです。

では、ここまでで紹介した父龍・母龍をはじめ、沖縄の龍神たちは何本指かというと……

4本です。

4本指の龍には、「人を生む龍」という役目があります。つまり、人間を生んだ、私たち人間のご先祖さまというわけです。

そして、5本指の龍。5本指の龍は、〝皇帝龍〟といわれていますが、それは中国の物語です。

龍神が、人間と同じ5本の指を持つということ。その真意とは、4本指の龍と、5本指のヒューマノイド宇宙存在から生まれた、ハイブリッドだということ。

つまり、「龍人」であることを表しています。

たとえば、神武天皇はかなり龍の姿を残した龍人でしたが、指は5本だったはずです。

3本指の龍が国を造り、4本指の龍が人を創り、そうして生まれた子どもが5本指の龍人。

龍の指の数は、画家の感性によって描かれていることも多く、すべての龍画が〝このこと〟を表しているわけではありませんが、龍の指の数を見ることで、その龍の役目がわかります。

そんな視点から、龍に会いに行ってみてくださいね。

第3章

縦軸を揃えて使命に気づく

神人の教え

恵比寿おじいは"神人"

「あなたは大和《やまと》※から来たね?」

※大和とは内地のこと

キジムナーに連れられて訪れた神社で、神さまへ手を合わせ終わったちょうどその時。後ろからかなり訛った沖縄の言葉で声をかけられた。

かつのりが振り向くと、そこには白シャツを着たニコニコとした笑顔のおじいが立っている。年齢は80代半ばか90手前くらいだろうか。

「え、恵比寿さま……ですか？」

思わずかつのりの口から言葉がこぼれた。某ビールのラベルからイメージする恵比寿神を少しほっそりさせた風貌だったからだ。

しかも、なんの計らいか、ここは〝恵比須神社〟。

「ソハハッ、おもしろいことを言うのぉ。ワタシはほぼ毎日ここに来ている、通りすがりのおじいですよ」

目の前のおじいは、変わらずニコニコした表情のままだ。

「かつのり、このおじいは〝神人〟さんだよ。神さまの言葉を降ろして代わりに伝えたりするお役目があるんだ。この神人さんに、かつのりを会わせたかったんだ！」

キジムナーが嬉しそうに言った。

「神の代わり……。は、はじめまして。かつのりといいます」

かつのりがぺこりと挨拶すると、聞いているのかいないのか、恵比寿おじいの目線は本殿に向いていた。

「神さまに手を合わせる時、なんて言ってますか？」

「え、えっと、教わった通りに、名前・住所・干支を伝えていますけど」

質問の意図がわからず、かつのりは自信のなさから、だんだんと答える声が小さくなった。

「それはいい心がけです。神に通じるために、最初におのれを明かすことは、とても大事なこと」

神人は、笑顔のまま続けた。

「内地の人たちは、神社へなにをしに行きますか？」

その質問に、かつのりは考えながら答えた。

「そうだな、〝なにをしに〟と聞かれたら、だいたいの人は、神さまにお願いをしに行くことが多いのではないかな。

たとえば、〝受験に合格できますように〟〝お金がたくさん手に入りますように〟〝仕事が成功しますように〟〝健康でいられますように〟〝災害が起こりませんように〟〝幸せに過ごせますようにとか？」

思いついた例を挙げてみた。

「つまりは、神頼みをするために、神に会いに行っているわけですね。それはなぜですか？」

神人から、また質問が返ってきた。

「なぜ……。たぶん、神はオレたちにはわからないことをなんでも知っていて、願いを叶えてくれるすごい存在だと思っているからじゃないかな、と思います」

そう答えると、神人はニヤリとした。

「神こそがすごいと思って拝むのは、それは罠なんですよ」

神に願いをするならばお伺いを立てるべし

「内地と沖縄のどっちが良い悪いと言うつもりはないですけどね。ただ、内地の人々の多くは、なにかを祈願するために神に会いに行っている。沖縄には、役目のあるユタと呼ばれる人もいるけど、誰もが神に拝める。それは、ここでは〝拝み文化〟が強く残っているから。うちなんちゅ（沖縄の人）は、代々、手を合わせることを大切にしてきたさぁね」

そこまで言うと、おじいは木の日陰に入った。

「確かになー。オレのような内地の人は、初詣だって、新年の願いごとを伝えに行っている人がほとんどじゃないかな」

「神さまに願いを伝えることは間違ったことじゃない。ただ、言い方とか、向き合い方ってもんがあるでしょう」

「向き合い方……」

神さまって人間と同じだな、とかつのりは思った。

「じゃもし、オレが、お金が必要だからほしいと思っていたら、どうやって神さまと向き合うといいんですか？」

「それはな」

神人は、にこっと目を細めた。

「神さまにお伺いを立てるんですよ」

「お伺い？　ようは、質問したり、相談するってこと？」

「そう。

〝恵比寿さま、大黒さま、金運の神々。私にお金をください〟

これは、ただの一方的な願い。〝くれ〟という心の表れです。

しかし、こう言ったらどうでしょうか？

〝恵比寿さま、大黒さま。お金が欲しいんですが、**どうしたらいいですかね？**〟

こう神さまにお伺いを立てると、それは〝会話〟になるでしょう」

「そうだけど、神の声なんて聞こえない人がほとんどじゃないですか？」

「本当は皆、神と会話できるんですよ。なんなら、すでに会話しておる。それに気づいていないだけですよ」

ワハハッと笑いながら、神人は続けた。

「神にお伺いを立てた時、どうしたらいいか。神からの返事が聞こえる人はそのまま聞こえる。聞こえなかった人は、なにかのメッセージがもらえるんですよ。たとえば、解決策を友人が突然話し出したり、答えのヒントを街中で見かけたりする。そのメッセージを、**素直に行動してみる。**これがいちばん大事なことなんですよ」

「それから」

神人は、かつのりのほうを振り向いて言った。

「神さまに会いに、通うことももちろん大事ですよ。あなただって、初めて出会った人から相談されるのと、100回以上会っている人からの相談、どっちをより助けたいと思うかね？」

「それは、100回会っている人かな。仲良くなっている人なら余計にそう思う」

「神さまも同じですよ。神も人も同じ。だからあなたも、またここへ来なさい」

そう神人は、笑顔で言った。

憑依《ひょうい》される神人

すると突然、さっきまでニコニコしていた神人が、

「ヒッ、ヒッ」

と、首を斜めにして肩を上下に揺らし始めた。

「えっ！　おじい、痙攣してる？　大丈夫か？」

急な変容にびっくりして、かつのりが恵比寿おじいの肩に触れようとした瞬間、神人が焦点の定まらない目でかつのりのほうを向いた。

「あなたは、アマテラスとアマテルの違いがわかりますか？」

さっきまでのにこやかな恵比寿おじいは消え、まるで別人格かと思うような表情と口調で問いてきた。

「えぇ？　あ、えっと……わかりません」

かつのりはおじいの変貌ぶりに戸惑いながら、質問に正直に答えた。

「……そうですか。頑張ってください」

そう言うと、神人はそのままますっと、神社の奥へと歩きだした。

呆然とするかつのりに、キジムナーが小声で話しかけた。

「おじいは、神人だから。神とつながると、憑依されるようなこともあるんだよ」

かつのりはキジムナーに話しかけられて我に返った。

「あぁ、そういうこともあるのか。ニコニコしている普通のおじいだったのに。あんなの見たことなかったからビックリした」

「かつのりの目の前で神人があぁなったということは、伝えたいことがあるんだろうね。また明日も来てみようよ」

「うん、そうするか。

……ふぅ、よく考えてみたら、今日はとんでもない1日だったな」

沖縄発祥の339

次の日、キジムナーと一緒に、かつのりは恵比須神社を訪れた。

決して広くはない敷地内。本殿のすぐ横には、靴を脱いで上がれるようになっている建物がある。

ここは社務所かなにかか？と思いながら建物に近づくと、扉が中からガラガラと開いた。


「ハイ、こんにちは」

ニコニコ顔の神人が、開いた扉の向こうから、手招きしている。

「あ、昨日はどうも……お邪魔しました」

かつのりは、昨日のこと覚えてるのかな？と思いながら半信半疑で挨拶するも、神人は変わらずニコニコしたままだ。


「あなたたち、この中に、入りなさい。あなたはここで靴を脱いで。キジムナーはそのまま入りなさい」

そういって、建物の中に招き入れてくれた。

「恵比寿おじいにもキジムナーが普通に見えてるのか。神人だからか?」

そう心の中で思いながら、かつのりは言われたように靴を脱いで、一見、社務所のような建物に入ると、そこは畳10畳分ほどの広さ。目の前には仏さまが並んでいる。

「え、ここ神社ですよね? 部屋の中は、お寺みたいだけど」

かつのりが思ったことを神人に伝えると、ウンウンと頷いて言った。

「沖縄ではね、神社とお寺が同じ敷地内にあることがほとんどですよ。ささ、仏さんの前にどうぞ」

神人に勧められるまま、お経を読むときに鳴らす鈴《りん》が置いてある正面近くに座った。目の前の仏像が数体、こちらを見つめている。

「あなたたち、父龍と母龍にはもう会ったでしょ。あの神世一代目には、二代目となる龍神3兄弟がいることは知ってますか？」

「はい、父龍・母龍とは会って、3兄弟の話は聞いたけどまだ会ってはないです」

かつのりが答えると、神人はウンと頷いた。

「龍神3兄弟は、人の遺伝子をもつ3人の女神を嫁にお迎えしてな。そこで龍と人の掛け合わせである子どもが、計9人生まれた。

3龍神と、3女神。そして9人の子ども。3・3・9」

「はぁ」

神人が伝えたいことの真意を推し量っていると、神人は続けた。

「3・3・9と聞いて、なにか気づきませんかね？

内地では、〝三三九度《さんさんくど》〟というしきたりがあるでしょ。神前式での儀式。新郎新婦が盃を交わす、婚礼の儀式ですね。あれは、ここの3・3・9が発祥なんですよ」

「へぇ。沖縄から生まれた儀式なんですか！　でも、そんな話、誰からも聞いたことがない。オレが神社とか神さまごとに詳しくないだけかもしれないっすけど」

「そりゃそうさ。こんな話、沖縄の人間でも知っている人はあまりおらんね。ワタシくらいですよ」

そう言って、神人はヒャッヒャッと笑った。

龍神の子孫である仏

「仏さんの後ろには3つの掛け軸があるでしょ。数字が書いてあるのが見えますか?」

神人が指を指しながら尋ねた。

「数字?……あ、紋様の中に、漢数字で真ん中の掛け軸に〝一〟(御先)、右が〝二〟(中)、左に〝二〟(今)って書いてありますね」

「そう。これはな、〝神代《かみしろ》〟を表す数字。つまりは、どの世代(何代目)の仏の世界かを表しているんじゃよ」

「どの世代……確か、父龍と母龍の石碑にも、同じように紋様の中に数字が刻まれていましたけど」

かつのりは、母龍の石碑の前でキジムナーに〝神世〟のことを教えてもらったのを思い出した。

「ああ、そうですか。よく見てきましたね。**神世は世代、神代は時代**を表しているんじゃ。そしてね、ひとつの掛け軸に4つの仏の世名が書いてあるじゃろ。それぞれの掛け軸にある、右上の名前とその横になんて書いてあるか見てごらんなさい」

かつのりは3つの掛け軸を順番に見ていった。

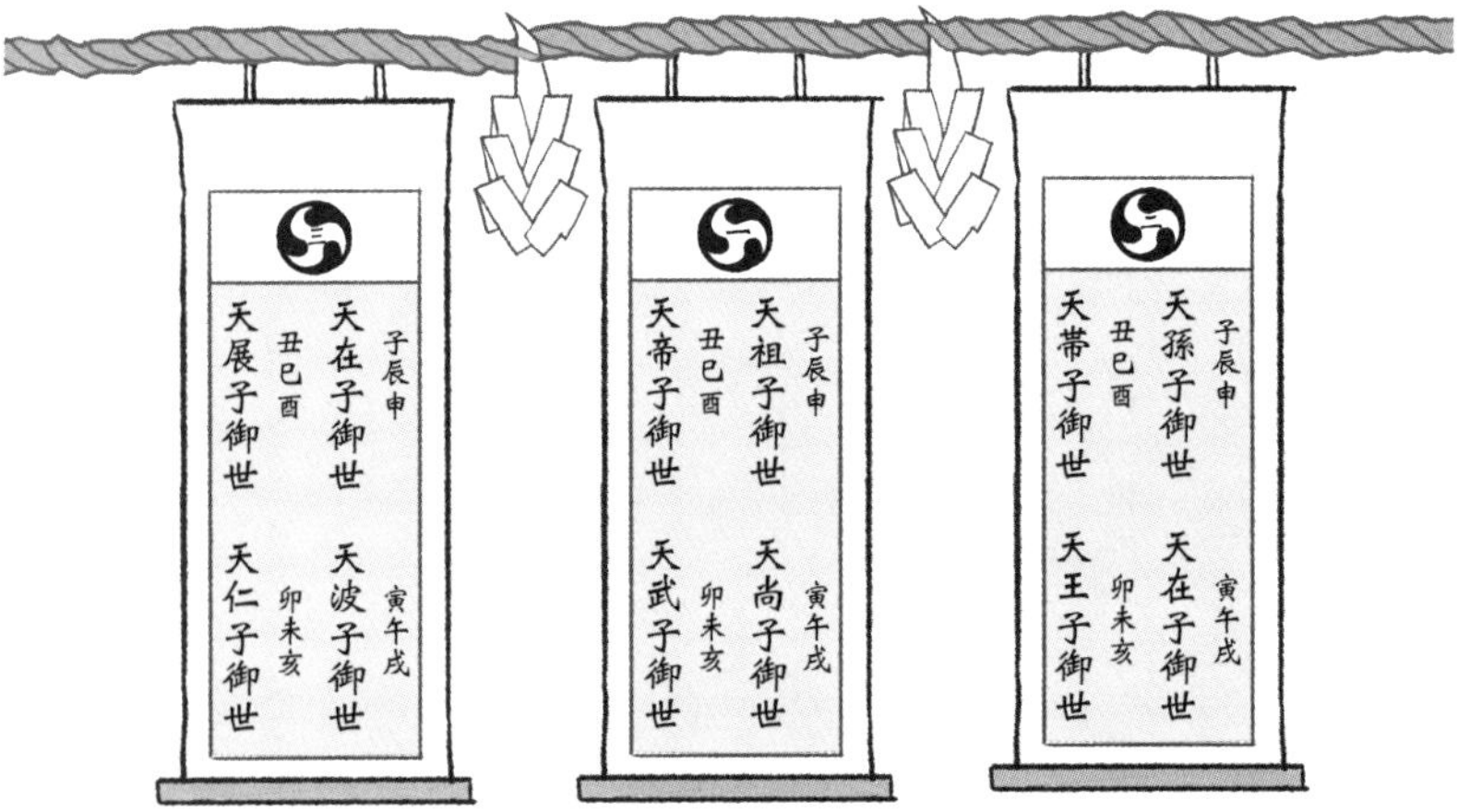

「えっと、真ん中の掛け軸の右上の一（御先）の名前は〝天祖子御世〟。二（中）は〝天孫子御世〟。三（今）は〝天存子御世〟。

それぞれの名前の右側には、〝子《ね》 辰《たつ》 申《さる》〟ってある。……あれ、これって干支じゃないか？」

そう大きな声を出すと、神人は嬉しそうに頷いた。

「そうですよ。この仏の世界はさっき話した、3龍神から生まれた9人の龍人の子どもたちのずっと先の子孫にあたる。9人の子どもたちから数えて、400代か、500代目くらいの神仏の世代になるかねぇ。わかりやすくいうと、**干支の神仏**です。

人間にはそれぞれ、〝御星《みほし》〟というものがある。御星とは、わかりやすくいえば〝使命〟のこと。あなたたちはご先祖さまの生まれ変わりで、この掛け軸はご先祖さまの御星（干支の使命）を表しているんじゃよ。

もしあなたが、今、苦しいと感じているなら、それは**使命から外れているから**。その時は、こちらのご先祖さまへ手を合わせ指導してもらい、〝正しい使命をさせてください〟と言って修正すればいいのです」

規模が大きすぎて、かつのりは一瞬戸惑ったが、冷静に神人の話を振り返ってみた。

「４００代目か５００代目の、干支の仏……。ちょっと遠く感じるけど、この仏の世界も、龍人の血を継いでいるのか。

ということは、オレたちだって龍の子だから、この仏さんたちはみんな、オレたちの遠いご先祖さまにあたるってことか。それに干支が使命につながってるなんて、知らなかった」

扉を開けた神人のあとについて、かつのりも外へ出た。強い陽射しが照っている。

すると前日と同じように、神人が突然、肩を上下に揺らして、

「ヒッ、ヒッ」と、ひきつるような声を出し始めた。

「え、おじい、また!?　大丈夫か？」

前日に目撃したとはいえ、やはり慣れない。かつのりがどうしようかと思っていると、神人が言葉を発した。

「あなたは、アマテラスとアマテルの違いがわかりますか？」

「あれ、昨日と同じことを聞かれている……」

かつのりは、前日と同じように正直に答えた。

「いいえ、わかりません」

「……そうですか。頑張ってください」

そう言うと、神人は本殿の脇道を歩いてどこかへ行ってしまった。

「これは、オレが正解しないと、毎回続くってことか？」

「たぶんね」

隣にずっといたキジムナーが答えた。

「また明日も来ようよ。神人さん、かつのりに大事なことを教えてくれているし」

「ん。そうだな。時間はあるし、また明日も来るか」

地球のマグマとつながる「地」の場所

次の日も、前日と同じ時間帯に恵比須神社を訪ねた。

境内に住みついているのか、黒猫がかつのりのほうを向いて「ニャー」と鳴いて、境内の裏側へと消えていった。


神人の姿が見えなかったため、かつのりは少し境内を散策することにした。

本殿の脇道を進むと、右手には石碑のある御嶽と、高さ3メートルほどの大きな岩がある。

岩を見上げると、石像が目に入った。

「キジムナー、あれって神さまの石像？」

「あの方は、〝地〟のおじいだよ。ほら、沖宮で宇天良長老に会ったでしょ？」

「あぁ、巻き物を持っているおじいだな」

「そうそう。あの長老は〝天〟とつながっていたけど、ここは〝地〟とつながっているんだ。地の長老が、あの方だよ」

「あ、あのおじいも巻き物を持っているな」

「でしょ。まずは、正面からいつものようにご挨拶するといいよ。あと、宇天良長老の時と同じように、自分の夢も伝えてね」


ヤジムナーに言われ、かつのりは、石像の正面下から、名前・住所・干支、そして自分の夢ややりたいと思っていることも伝えた。

「ホッホッホッ」
頭上から、明るい笑い声が聞こえる
「おぉ、おまえさんがかつのりだな。ちょいと上まで上がってこい」

「上って……これ、でかい岩みたいだけど、登れるのか？」

「おぉ、大丈夫、大丈夫」

石像の脇にある岩を登ると、地の長老の背後に立った。

「街が上から一望できて、なかなか気持ちがいい場所だろ」

長老が楽しそうな口調で言った。

「そうっすね〜。風が吹き抜けていいですね、ここ。……あれ、このガラス玉はなんですか？」

長老の後ろ側に、直径20センチほどの水色の琉球ガラスの玉がある。

「あぁ、それはな。このガラス玉の中には、龍神3兄弟の長男〝天風龍〟のエネルギーが詰まっている。そうして、この地球のエネルギーバランスを保って、守っているんじゃよ」

「……今さらりと言いましたけど、地球に住んでいるオレたちのために、すごい重要なことっすよね？」

「まあ、そうじゃな。ここはな、言ってみれば、地球の〝ヘソ〟。地球のど真ん中にあるマグマとつながっている場所なんじゃ」

「地球のマグマ……。沖縄にそんな場所があるなんて、みんな知らないよな」

「ホッホッ。一部の神人くらいじゃの、天・地・底とダイレクトにつながる場所が、ここ沖縄のどこにあるかを知っているのは」

「大・地・底とつながる……あ！　宇天良長老が〝縦軸を揃える秘儀〟を恵比須神社にいる神人から授かってこいと言っていたのは、そのこと？」

「ああ、そうじゃな。それは本人に尋ねるといい。

この巻き物にも、おまえさんの使命は書いてあった。そろそろその使命に気づくタイミングが近づいているな。おまえさんはその役目を果たすために、ここ沖縄に来たんじゃからな」

ホッホッと、明るく笑う長老が、楽しそうに言った。

「はれ、おまえさん、ワシとツーショット写真撮っていきなね。なんなら、ワシの頭、なでなでしてもええぞ」

「ツーショット!? 腕を伸ばせば、撮れなくもないか……」

かつのりは、地のおじいの石像の横へ行き、「じゃ、遠慮なく。撮らせてください」と了解を得

て一緒に写メを撮った。写真に写る長老は、朗らかないい笑顔を向けていた。

縦軸を揃える秘儀

地の長老がいる岩から降りると、いつものようにニコニコした顔の神人が立っている。

「あぁ、神人さん、こんにちは。いらしてたんですね」

「ハイ、こんにちは。そろそろあなたたちが来る頃かなと思ってました」

「えっと、神人さんに教えてもらいたいことがあります」

かつのりは、「縦軸を揃える秘儀」のことを、直接聞いてみようと試みた。

「さっき、地の長老が巻き物を読んでくれたんですけど、天と地の長老どちらも巻き物を持っていますよね。この沖縄は、〝3〟を大事にするって教わりました。だから、もうひとり、巻き物を持っている長老がいるんじゃないか？と思うんですけど」

神人は、ニコッとしたまま答えた。

「ええ、いらっしゃいますよ」

「縦軸が揃う術。それは、天・地・底とつながり、軸を揃えるということ。そのうちの地が、ここ。天は、あなたたちがすでに行った沖宮にありましたね。

ただ、底の場所は、まだ守られる必要がある。まだまだ私利私欲のために、神の力を使おうとする人間が多いもんでね。だから公にすることは今はできんが、あなたは会いに行きなさい」

「ただですね」

神人は、ゆっくり話を続けた。

「底とつながる〝龍宮長老〟には、石碑も石像もない。代わりに、大きな樹に宿っていらっしゃる」

「樹に、ですか？」

「ある神社のヒヌカン（火の神さま）が祀られている後ろに、その樹がある。そこに宿っているから、拝んできてください」

「わかりました。このあと行ってきます」

かつのりは気になっていたことを聞いてみた。

「長老は〝縦軸を揃える秘儀〟って言ったんですけど、なぜ〝秘儀〟と言われるんですか？　どんな意味があるんですかね？」

「その秘儀には、本当は横軸も大切です。天・地・底を揃える。これは縦軸。横軸とは、父龍・母龍・龍神3兄弟をはじめとする、沖縄の神々とつながること。つながると、ぐるっとエネルギーが円のようにつながってサポートしてもらえるんですよ。そうすると、巻き物に書いてあるあなたの使命が果たせるように、縦からも横からも、全方位から応援が入るのですよ」

「なるほど。軸を揃えてつながることで、自分の使命とか夢を叶えられるということっすね!? しかも、そんな夢のような術なのに、知られていない。だから〝秘儀〟と呼んだのか」

「長老たちは愉快ですからねぇ。〝秘儀〟と言ったら、あなたが飛びつくとわかっていたんでしょうねえ」

「……オレの扱い方がわかっているのか。確かに、自分の使命に気づけて、しかも夢が叶うとなったら、それはなんとしても知りたい〝秘儀〟ですよね。

じゃあ、縦軸をコンプリートさせるために、底の長老のところに行きますかっ」

かつのりがキジムナーに向かってそう言うと、神人が肩を上下に揺らし始めた。

「これはまた、憑依が始まったな」

かつのりは、今日は自信があった。前日、前々日と、二度尋ねられた質問の答えを、昨晩、探したからだ。

「あなたは、アマテラスとアマテルの違いがわかりますか?」

きた……!

かつのりは、待ってましたとばかりに答えた。

「漢字は同じだけど、アマテラスは人を指す言葉で、アマテルは太陽のことだと思います」

すると神人は、「ヒッ、ヒッ」と引きつりながら、

「龍神3兄弟はどこに鎮座しているかわかりますか?」

と、違う質問をしてきた。

「えっと……それはわかりません」

「……そうですか。頑張ってください」

そう言い残すと、神人は本殿の裏へと歩いていった。

「これは、最初の質問はクリアしたってことか？」

かつのりは、首を傾げながらキジムナーに言った。

「うん、そういうことだろうね」

かつのりとキジムナーは、神人の後ろ姿を見守った。

沖縄に来た理由と役目

その日はそのまま、「縦軸を揃える秘儀」を完了させるため、〝底〟のおじいである龍宮長老に会いに行った。

神人の言った通り、石碑も石像もなく、ほかの神さまが祀られている後ろに大きな樹があったので、そこでご挨拶をして拝んだ。

「さっとタイミングが来たら、オレの使命や役割に気づけるんだろう。自分の人生なんだ、それをまっとうする」

かつのりは、龍宮長老に手を合わせて、そう誓った。

その後、かつのりはしばらく沖縄にいることにして、キジムナーとともに、神人のもとへ幾度も訪れた。

その度に恵比寿おじいは、沖縄の人でも知らないような龍神伝承や、神仏のこと、神事のことなどをいろいろと教えてくれた。

おじいの話は沖縄訛りかつ慣れない単語が多く、なかなか理解するまでには時間がかかる。

かつのりはある時、あまりにも覚えきれないと思い、

「あの、このお話、メモっちゃダメですかね？」

と、おそるおそる聞いてみた。

「ダメですよ」

「録音は……」

「ダメですよ」

と、ニコニコした笑顔のまま返されてしまった。

「神さまの言葉は、記録してはダメです。覚えてください」

これは話の内容を覚えられるまで足繁く通うしかないと、気づいたら3カ月ほど経っていた。

毎回ではなかったが、神人は神とつながって憑依し、かつのりに問答を投げかけた。

そんな日々を過ごしていたが、ある時から神人のおじいが反応しなくなった。

かつのりが訪ねても、声をかけても反応しないのだ。

「あれ、オレなにか失礼なことしたかな……」

内心ビクビクしていたが、喋りはしないものの、かつのりが参拝している様子を遠くから見守っている雰囲気だった。

話さなくなってから、10日が過ぎた日、いつものようにかつのりがキジムナーと一緒に恵比須神社に行くと、神人から声をかけてきた。

「こんにちは。お元気ですか？」

嬉しくなって、かつのりは心なしか大きな声で返した。

「元気ですよ！　オレ、随分と無視されてたんですけど……」

そう言うと、

「そうでしたっけ」

と、まったく他人事のように、神人は答えた。


そして、こう続けた。

「ワタシはあなたに全部託したので役目を辞めます」

「……えっ、辞めちゃうんですか⁉」

あまりにもビックリして、かつのりはさらに大きな声を出した。

「ええ。伝えることは伝えたので、今後はあなたが頑張ってください」

「ちょ、ちょっと待ってください！　確かにいろいろなことを教えてもらいましたけど……」

戸惑っているかつのりに、神人は穏やかながらもハッキリした口調で言った。

「あなたは、龍の子です。もちろん、人はみんな龍の子ですが、あなたには**龍神の身内**として、人へ伝えていく役目があります。龍神の身内であるとはどういうことか、そのうちわかるでしょう。沖縄に来たのもそのため。ここの聖地や御嶽、神さまのもとへ、必要のある人をご案内する役目がありります。あなたはこの地で、〝龍事〟をするようですね」

「いや、そんな急に言われても……龍事ですか。それって、神事と同じですよね？」

「そうですね。長老の手にある巻き物にも、あなたの使命として書いてあったはずですよ。ただあなたがまだそれに目覚めていなかったから、長老は読み上げなかっただけ」

「うーん、でも、内地の山口県出身で、うちなんちゅではないオレに、沖縄の伝承に携わるような役目があるのかなぁ」

「あなたが山口から来ていることも、お役目に関連しているんですよ。あなたの地元から、総理大臣になった人はたくさんいるでしょ」

「あぁ、そういえばそうっすね。初代総理大臣の伊藤博文もそうだけど、山口出身の総理大臣はこれまで確か8人いたんじゃないかな」

「吉田松陰をはじめとする、維新志士も多いでしょう。それは、山口県の人たちには〝新しいことを始める役〟があるから。時代を動かす役目をもつ人を、たくさん輩出する土地なんですよ。だからあなたにも、その役があるんですよ。

まぁ、また悩んだり迷ったりしたら、ここへ来なさい。きっと会えるでしょうから」

その日の夜、神人の言葉を振り返ると、かつのりはなかなか寝つけなかった。

「龍神の身内として沖縄の神さまへ案内する、かぁ。まだピンときてないけど、沖縄に来てから、父龍と母龍にも会えたし、対話することもできた。沖縄の人でも知らないような大事なことも教えてもらった。これがオレの使命であり役目なのかもしれないな。

人はみんな、龍の子であることを思い出せるように。

そうすれば誰もが、巻き物に書いてある、自分の約束してきた使命とかお役目に気づいて、夢を叶えて、自分らしく生きることができるようになるのかもしれない」

column

沖縄の言葉から読み解く、"神"文化

沖縄には、独特の言葉があります。方言はもちろんありますが、〝神〟にまつわる言葉があるのも、沖縄ならではの特徴です。

たとえば、「神人《かみんちゅ》」。

本文中にも、神人さんが登場しますが、神とつながって言葉を人々に伝えたり、御神事を執りおこなう人たちのことを呼びます。

琉球王朝時代は、「ノロ」と呼ばれる女性たちが神官兼祭司として、神と交信し、神降ろし（憑依）をしていました。そのノロも、神人に含まれます。

現代でも、神人は地域の御嶽で祭祀を務めたり、祈り人としてのお役目を務めていらっしゃいます。

ほかにも、「神ダーリ」という言葉もあります。

簡単に言ってしまうと、憑依された状態とも言えるのですが、神に仕える前に、一時的に体調が崩れたり、精神的にコントロールを失ってしまう時のことを指す言葉です。

たとえば、

「今、ウチの娘が〝カミダーリ〟で。これが抜けたら、神事の道に行くことになるから大変よ」なんて会話で使ったりします。

神事をするお役目がある人の多くが、神ダーリを経験しているとか。

さらに、神事の役目が本来はあっても、その道には行かない！と拒否していると、神ダーリに襲われたため、半強制的にお役目に従うようにしたという人の話もよく聞きます。

そんな〝神〟文化の言葉が、普通に残って使われているのも、神さまとの距離が近い沖縄ならではなのかもしれません。

第４章

神仏からの諭し

恵比寿神の教え

話しかけてきた神

恵比須神社で出会った神人から、自分の役目を告げられたかつのりは、その後、沖縄のさまざまな神さまにご挨拶に行ったり、御嶽へ拝みに行ったりする日々の中で、新たな神人や地元の人たちと親しくなる機会に恵まれた。

そうして、沖縄という地にだんだんとなじんでいった。

毎週のように恵比須神社には通っていたが、その日はいつもの神人がいなかった。

「ちょっと聞きたいことがあったんだけどな。まぁ、また来ればいいか」

そう思いながら、せっかくお邪魔したのだからと、ゆっくり参拝することにした。

この日はほかに参拝している人もいなければ、キジムナーもいない。

「おーい、ちょっとここで話そうや」

突然、声をかけられた。どうやら、目の前にある神さまの名が刻まれた石碑のほうから聞こえてくる。

声からして、おおらかそうな初老くらいのおじいだろうか。

「ん？　もしかしてこの感じは」

かつのりの中で、声の主を〝知っている〟感覚が湧いてきた。

沖縄に来て、キジムナーをはじめ、いろいろな神や仏さまと対話をしているうちに、かつのりは目に見えないとされる存在とつながる感覚を覚えるようになっていた。

「もしや、恵比寿さんですか？」

「そうだ、そうだ。わかってくれて嬉しいぞ」

ニコニコとした笑顔の恵比寿神が思い浮かぶ。

「おまえさんと神人のやりとり、ずーっと見ていた。あの神人、大事なことをすべておまえさんに伝えていたな」

感情豊かな声で、恵比寿神が話を続ける。

「ワシも、おまえさんに伝えたいことがあるんだよ」

✴本当の意味での「自由」

「ここは沖縄だけど、ワシは全国どこにでもいる神。だから、日本中の様子をわかっておる」

「そうですよね。恵比寿さまは七福神の1神だし、日本人にとってはすごく有名な神で慕われているし。あ、オレもあのビール好きっすよ！」

かつのりの返答に対し、ワハハッと恵比寿神は笑った。笑い声も豪快だ。

「ワシは日本の民の中では、〝福の神〟として知られている。だから、商売をしている者や、豊作を願う者の祈りや願いを、たっくさん聞いてきた」

沖縄に来て、神々に関する最低限の知識を得ていたかつのりは、恵比寿神が「商売繁盛」「大漁豊漁」の御神徳があるとされ、日本人に愛されていることを思い出した。ここ沖縄では、七福神に関する独自の伝承が残されているため、かつのりはいつか深掘りしてみようかと思っていたのだ。

「商売の成功を祈願する者の多くは、経営者や役職を持っている者。または、おのれで商売や事業を始めるだけのエネルギーがある者。世間的にみたら、お金も豊かにある。誰かに命令されずに仕事もできるのだろう。だがな、苦しんでいる者が多いのだ。それがなぜだかわかるか？」

「うーん。お金もあって、誰かに命令されたりもせずに、やりたいことをやって、時間にも余裕があるとしたら、なにに苦しむんだろう……」

かつのりは、もし自分だったらという視点で考えてみたが、答えは出なかった。

「それはな、〝自由〟がないからだ」

「え、自由がない？」

答えを聞いたかつのりは、理解できなかった。

「だって、お金も時間もたくさんあれば、好きなものを好きな時に買うことができるじゃないですか。それで遊ぶこともできるし。必要があっても、お金がなくて買えないヤツだっているのに」

恵比寿神は、納得いかない様子のかつのりの言葉を聞いて、ひと笑いしてから言った。

「おまえさんのように、多くの者がそう思うのだろうな。いいことを教えてやろう。**本当の自由とはな、心が自由なことだ**」

「心が自由……」

「そうじゃ。お金があるから自由、時間がたっぷりあるから自由なのではない。どんな選択であっても、自由に選ぶことができる。これが、自由なのだよ」

「どんな選択も自由に選べる、か。言われてみたら、確かにそうだな。けど、お金がたくさんないと選べない選択肢もあるんじゃないですか？」

まだ100％納得がいかないかつのりは、湧いてきた疑問をぶつけてみた。

「おまえさんが言うように、なかにはお金が尺度の選択もあるかもしれない。だがな、心が自由になっていなければ、人間は選択肢をみずから狭めてしまうのだ。その結果、自分が本当は選びたい選択をできなくなってしまうんじゃ。

たとえば、おまえさんが大金持ちだったとしよう。でも、選びたい選択ができない。〝なにか〟がおまえさんの心を不自由にしているからだ。その原因がわかるかな？」

かつのりの表情を汲んでか、恵比寿神はかつのりの答えを待たず話を進めた。

願いを叶えるカギは「思想」にあり

「それはな、人間には〝思想〟があるからだ」

「思想？」

「そう。おまえさんがもっている思想。それだけは、ほかの人間でも、我々のような神であっても、触れることができないんじゃよ。考えてごらん、おまえさんの思想を、ワシがいじって変えることはできないだろ？」

「うん、そうかも。オレが思っていること、考えていることは、オレだけのもの。誰かの影響を受けることはあっても、思想を変えることができるのは自分次第かもしれない」

恵比寿神の言葉の真意が、ちょっとずつ見えてきた。

「もし大金持ちのおまえさんが、お金がないと不幸になるなんて思想をもっていたら、お金を使うという選択肢を選べるかな？」

「その思想が働いて、ストップをかけるだろうな……それだと、心は自由じゃなくなってしまうかも」

「そういうことだ」

恵比寿神は、満足そうに言った。

「おまえさんたち人間の現実は、その思想通りになっている。だから〝不幸になる〟という思想でいると、その通り、不幸になる」

「そっか。〝不幸だ〟と思っているということは、その思想通り、ちゃんと不幸になれているということか！」

「そういうこと。だから、おまえさんたちの思想通り、すべては叶っているんだよ。しかも、思想というのは、おまえさんたちが自分の好きに決めることができるんじゃ」

かつのりは急にやる気が湧いてきた。

「ということは、今ここで、オレが〝オレは幸せだ！〟と決めたら、幸せな思想になって、幸せな現実になるということ？」

「その通り。〝今、自分は不幸だ〟と思っている者は、すでに不幸が叶っているはず。それを証拠として、〝今、自分は幸せだ〟と決めると、その思想通りの現実を体験するんだよ」

「そう言われると、すごく簡単っすね！　幸せって自分の思想で決められるのか……。それがわかったら、すごく心が軽くなりました」

「それは、おまえさんの心が自由になったからじゃ」

ワハハッと、恵比寿神が豪快に笑った。

「ただし、嘘はついてはならぬぞ‼」

「嘘をつく？」

「そう。本当は苦しいのに無理やりポジティブに考えようと、〝私は幸せです〟と嘘をつくことはしてはならん。

苦しい時は、素直に〝今、苦しいんだ〟とちゃんと認めることが大切なのだ」

「確かにネガティブな思考はダメだと、オレも教えられてきたからなぁ」

身に覚えのある話だなと、かつのりは思った。

「たとえば、〝お金が欲しい〟と願うことは、〝今、お金がない状態〟だからだろう？　でも、〝お金が欲しい〟と願えば願うほど、〝お金がない状態〟にフォーカスすることになるから、さらに〝お金がない状況〟を作ることになるのだ」

「なるほど！　まずは、自分がその現象を作っていることを認めてから、どう思考するかが大切であって、思考は自由だけど嘘でごまかしてはダメっていうことですね？」

「その通り！　なにが幸せか、不幸せか。それはおまえさんたち人間のそれぞれの思想で決まるもの。宇宙にも、我々のような神々にも、幸せの決定権はないからの。

だから、おまえさんたちが自分で決めるのだ。それができるとわかるだけで、誰もが自由な心になれるだろう」

虚空蔵菩薩《こくうぞうぼさつ》の教え

仏をおろそかにしていないか？

恵比寿神からの教えを噛み締めながら、その場を離れたかつのりは、座りたくなって境内にある建物に入った。

畳の上に座って、目の前に並ぶ仏像をボーッと眺めていると、

「やっと来ましたか」

と、力強い声が響いた。

「えっと……あなたはどなたですか？」

どこから響く声なのか、その声の発信元がわからず、かつのりはひとつ呼吸をして集中しようとした。

「私は、虚空蔵菩薩《こくうぞうぼさつ》。あなたの守護本尊《ほんぞん》です」

「え、オレの守護本尊……」

「あなたがいつ私のことに気づいてくれるのか、心待ちにしておりましたよ」

言葉は丁寧だけど、どこか強い口調を感じる。

「そ、そうでしたか……。お待たせしていたならすみません」

「いえ、謝る必要はありませんよ。ただ、あなたに知っていただきたいことがあるのです」

「は、はい。なんでしょう」

変わらず凛とした強めの口調に、かつのりは思わず背筋が伸びた。

「あなたがた日本人の間では、特に最近は歳の若い者も、神に拝む者が増えましたね。それはとても良い流れでしょう。あなたがたは本来、皆が、拝み人であり、祈り人だからです。しかし」

虚空蔵菩薩は一瞬、言葉を区切った。

「仏のことを、おそろかにしていないでしょうか」

ここにきて、かつのりは「ハッ」とした。

「……言われてみたらそうかもしれないです。オレ、内地にいる頃から、たまーに神社に行くことはあっても、仏さんのいるお寺はないに等しかったかも。大人になってからは特に。ここ沖縄に来てもそう。龍神や神さまに会うことが、メインになっていました」

最後はしぼんでしまいそうな声で言った。

「我々は怒っているのではありませんよ」

「そうは言っても、口調は厳しいけど」

かつのりは心の中でそう呟くと、それを察してか、虚空蔵菩薩が続けた。

「我々は、守護本尊として、いついかなる時であっても、あなたがたをお守りしていることを知っていただきたいだけなのです」

「……これは、怒っているんじゃなくて、もしや拗ねているのか!? オレたちが神さま、神さまって、神ばかり拝んでいるから?」

「知っていただけたのなら、それで結構です」

どうやら、かつのりの心のつぶやきは、すべて見透かされているようだ。

守護本尊から読み解く役目

「オレの守護本尊が、あなた、虚空蔵菩薩なんですね。どうやって守護本尊って決まるんですか?」

「干支です。干支の神仏には、まず龍神12神がいます。これについては、改めて龍神があなたに教えるでしょう。それだけでなく、干支の神として、我々〝八体仏〟が在ります。あなたがたが地上に生まれ、今世を始められた時、必ず仏が守りにつくのです。それが、守護本尊。内地では、生年月日で守護本尊を割り当てることもあるようですが、沖縄では**干支の神として守護本尊が在る**のです」

「なるほど。沖縄に来て、神人さんや拝み人のおばあと話していると、必ず〝あんた干支なんね？〟と聞かれるんです。前に、神人から〝御星〟の教えもあったな（P119参照）。それだけ、沖縄では干支を大事にしているんですね」

さっきよりも少しだけ柔らかい口調の、虚空蔵菩薩の声が響く。

「なぜこの地は、干支の神仏を大切にしているか。それは、干支によって、あなたがたの**お役目をひも解く**ことができるからです」

「我々、仏には、それぞれ役目があります。その役目を我々はまっとうし、成し遂げてきました。その結果を、あなたがたの世界では〝御利益〟と解釈しています。

あなたがたが、各々の干支の仏が成し遂げてきたことに意識を向けると、そこからあなたがたのお役目を読み解くことができるのです」

「はー、なるほど。干支の仏さんがしてきたことをみると、オレたちの役目がわかるということですね」

「そういうことです。では、あなたを例にしてみましょう」

「かつのり、あなたの干支は〝寅《とら》〟ですね？」

「そうです」

「〝寅〟の守護本尊は、私、虚空蔵菩薩。虚空蔵菩薩は、宇宙庫に智慧をもつとされ、多くの者に智慧や悟りを与えてきました。その結果、〝成績向上〟〝記憶力増進〟などの御利益として、あなたがたの世界では知られています。加えて、寅は〝水事〟の役目があるとされる。沖縄でも、水を司る神が〝龍〟です。

それらをふまえると、かつのりは、水のこと、つまり龍にまつわることを神事として行い、人々に教える役目があると読み解けるのです」

かつのりは虚空蔵菩薩の言葉を、頭の中で反復した。

「寅年は、あなたのように人に教えることが役目としてあるんですね。しかも、水事。オレが沖縄に来る前、バーで働いたことがあるのも、水仕事だからといえるのか」

「そうでしょう。ただ、あなたには〝人に教える〟という役目もあります。ですから、ただ水事だけしていたのでは、苦しくなってしまうのです」

「そうか。つまり、教えることと水事。その両方にマッチしたことが、オレの役目ということなんですね。だから、龍にまつわることを教える、かぁ」


かつのりは自分の中で考えを整理しようと、口をつぐんでいると、虚空蔵菩薩が言葉を発した。

「同じようなことを、ここにいた神人にも言われたはずですよ」

「はい、言われましたね。龍神の身内として人を神さまへ案内したり、〝龍事〟をする役目があると」

「いかがでしょう。それは、今、私がお伝えした干支から読み解く役目に当てはまっていませんか?」

「……ドンピシャですね。これはもう、オレの役目として認めて、受け入れたほうがいいってことか」

終始、凛としていた虚空蔵菩薩が、クスッと笑ったように感じた。

column

あなたの守護本尊と特徴を知ろう！

あなたは自分の「守護本尊」がどなたか、知っていますか？

人には誰でも、守護本尊がいます。一生、守ってくれる仏さまです。

初詣に氏神・産土神へお参りに行くことも大切ですが、自分の守護本尊にご挨拶に行くことも、おろそかにしないようにしましょう。

そして、守護本尊の特徴や御利益から、あなたの今世での御役目を読み解くことができます。

沖縄は干支を大切にする文化が古くからあるので、神人やおばあと話をすると、「あんた干支なんかね？」から会話が始まります。その人の干支から、どんな役目があるのかを読み解いて、アドバイスなどをしてくれるんです。

でも、自分の干支のことは教えてくれるのですが、ほかの干支についてはなかなか教えてもらえず……。

「あんた〝寅〟なんだったら、寅のことだけ知ってたらいい」

いつ聞いても、こんな調子です（苦笑）。

なので、沖縄独特の解釈ではなく、本書では一般的な解釈としての守護本尊をご紹介します。

さらに、干支のお役目を私なりにリーディングしたので、巻末（Ｐ２９０）を参考にしてみてください。

守護本尊の特徴

守り本尊	特徴	御利益
千手観音 千手千眼観自在菩薩	千の手、千の眼を持つ 慈悲の手と眼で人々を救う	現世利益 諸願成就 病気平癒
虚空蔵菩薩	宇宙庫に知恵を持つ 奈良時代より続く知恵仏	成績向上 記憶力増進 技芸上達 厄祓い 開運
文殊菩薩	知恵を担う菩薩 実在した修行者 学問と知恵の菩薩	合格祈願 学業成就 正しい判断力
普賢菩薩	法華経の菩薩 仏の理性を備える 堅固な菩提心 女性の人生を説く	増益 (幸せの増大) 女人成仏 (女性が悟りを開く) 延命
勢至菩薩	智慧により一切を照らす 人々へ無上の力をもたらす 菩提の心を喚起させる	智慧明瞭 家内安全 除災招福
大日如来	宇宙そのものの象徴 この世のすべてを照らす	災難消除 家運上昇 安産（子宝・子授け・ 子育て） 厄除け・転禍招福
不動明王	大日如来の変化神 悪を断じる 修行者を守護する	現世利益 除災招福 病気平癒 疫病退散 身体健全 家内安全 国家安泰
阿弥陀如来	西方浄土を担う 一切の衆生を救済する	死後の御利益 極楽浄土へ導く

第5章

第四の龍

龍神3兄弟

「これまでたくさんの神さまに会ってきたけど、まだかつのりが対話していない大事な神さまたちがいるんだ」

今日はキジムナーも一緒に、恵比須神社にいる。

「じつはオレも気になっている神がいて。話には何度も出てきているけど、そういえば直接まだ挨拶できてないなと思ってたんだよね」

「……龍神3兄弟」

かつのりとキジムナーの声が揃った。

天風龍大神《あまふうりゅうおおかみ》の教え

人間を守っている干支の神

「ここには何度も来ているけど、きちんと紹介していなかったよね」

そう言って、本殿の脇道を進んでいく。

「ハイ、こちらの神さま」

キジムナーが指す先には、〝天風龍大神《あまふうりゅうおおかみ》〟と刻まれた石碑がある。

かつのりの目が石碑の紋様に留まった。

「あ、数字の〝二〟がある。父龍と母龍の息子で、〝神世二代目〟ということだね」

「よく学んだな」

穏やかだけどインテリ風な声が聞こえた。

「私は天風龍大神。天龍大御神と天久臣乙女王御神を、父神・母神にもつ長男だ。かつのりが声をかけてくれることを待っていたよ」

「遅くなっちゃってすんません！　この神社には何度も来ていたのに」

かつのりが応えると、天風龍大神が動いたのか、石碑を囲む木の葉がさわさわと揺れている。

「おまえが私と会うタイミングは決まっていたからな。だから謝ることではないよ」

「干支といえば、なにから始まる？」

「えっと、〝子〟かな」

「うむ、そうだ」

「私は龍神3兄弟の長男だから、干支の始まりの〝子〟の神となっている。次男は、〝丑《うし》〟。そして三男は〝寅〟」

「順番に干支がついているんだ」

「その通り」

「そして、我々3兄弟には、あわせて9人の子どもがいる。その9人の子どもたちも、4番目の〝卯《う》〟から始まり、すべての干支をもつ。ここから干支が始まり、**干支の神**が生まれているのだよ」

「なるほど。**3兄弟＋9人の子ども＝12の干支**ということか」

「そうだ。さすが、おまえは飲み込みが早い」

この地でかつのりは神たちからたくさんの話を聞いてきたからか、長男との対話はスムーズに進む。


「ここからが本題だ」

天風龍大神が言うと、かつのりと石碑の間を風が吹き抜けた。

「人間には皆、それぞれの干支があるだろ。かつのりは〝寅〟だったな」

「うん、オレは寅年」

「人間の干支を司るそれぞれの干支の神が、おまえたちの守護神になるんだよ」

「守護神……」

かつのりの頭には、少し前に虚空蔵菩薩から聞いた守護本尊の話が浮かんだ。

「えっと、仏さんにも干支があって、自分の干支の仏が守護本尊だって教わったんだけど。オレの守護本尊の虚空蔵菩薩から」

「あぁ、同じことだな。守護本尊がおまえたちを守る干支の仏であるように、守護神として我々もおまえたち人間を守っている」

「そうなんだ。人間ってすごい贅沢じゃん！　龍神家の神からも、仏さんからも守ってもらっているってこと？」

「そういうことだ」

人間はこの地上で生まれた瞬間から守られている。

そう思ったら、かつのりの中に自然と感謝の気持ちが湧いてきた。

「かつのりの干支が寅ということは、おまえの守護神は私の弟である、龍神の三男だな」


「おまえは四男であり兄弟龍だ」


「長男の私の名には、〝風〟とつくだろう。そして私の弟たちも、当然だがそれぞれ名がある。次男は天火龍大神《あまひりゅうおおかみ》。そして、三男は天水龍大神《あますいりゅうおおかみ》」

「風・火・水とついているんだね」

「そうだ。この地球世界を形づくる要素として〝四大元素〟というものがある。聞いたことがあるか？」

かつのりは昔、なにかの本で目にしたのを思い出した。

「あーあったかも。風と火と水と……あとひとつは土だっけ？」

「その通り。我々3兄弟は、この地球で龍神として生まれた。そして、我々は人型の宇宙存在をそれぞれ娶《めと》り、龍人をこの地に誕生させた。

しかしな、私をはじめとする龍神は、おまえたちの言葉をもたない。今こうしておまえとは対話できているが、すべての人間とできるわけではない。我々と対話ができる、その前に我々のような存在が実在しているのだと、人間側が気づかないことには、対話もなにもないだろう。それに、我々はおまえたちのような物質の体を持ってはいない。エネルギーとして存在しているだけだ。その証拠に、我々の姿を目で見ることができる人間は、限られているだろう。だから、地上ですべての人間が認識できるように動くことができないのだ」

「そこでだ」

天風龍大神は、ひと息置いてから言った。

「我々の父龍と母龍は、四男を生むことを決めたんだよ」

「え、3兄弟だけじゃないってこと?」

「そう。四大元素の4つを埋めるべく〝土〟の役割、つまりこの地上に足をつけて動ける龍を生んだんだ。その者が、地球の人間に龍の物語を伝えるガイド役となるように、と。

その第四の龍、それがおまえ、かつのりだよ」

「…………へっ!?」

天風龍大神の言葉を受け取るまで、かつのりは時間がかかった。

「いや、ちょ、ちょっと待って！　確かにオレ、小さい頃に遊んでたゲームで〝ソナタはこの王族の末裔《まつえい》だ〟なんて話に、漠然とカッコいいって憧れてたけど。けど、オレが第四の龍？　龍神家の末っ子??」

困惑するかつのりに、兄である天風龍は優しく言った。

「戸惑うのは仕方あるまい。突然、龍神の四男だと言われたら、人間のおまえが驚くのは当然のこと。ただな」

ぶわっと、かつのりの周りを包み込むように風が吹いた。

「龍の物語を見つけるために、今、おまえは沖縄の地に呼ばれた。そして、その物語を伝えるために、動くようになる。しかも、近いうちに。

それだけは覚えておいてくれ」

何千年も隠されてきた物語が開示される時

戸惑う頭と気持ちを整理したくて、かつのりはキジムナーと一緒に、キジムナーの住処ガジュマルの枝の間に腰を据えていた。

「キジムナーはさ、さっきの話、知ってたのか？　オレが第四の龍だってこと」

枝の間を飛び跳ねながら遊んでいるキジムナーは、

「うん！　キミのことなら知ってるからね」

と答えた。

「母龍の鎮座地に行った時、帰り際にくぼ地の前に立ったこと、覚えてる？」

キジムナーに言われて、かつのりはあの時のことを思い出そうとした。

「……体の感覚で覚えてるよ。暗い場所から光の射す明るい場所へ、引っ張り出されているような感覚を思い出した時だろ？」

「そうそう。それが、四男としての出産の時だよ」

「えっ!?　それこそ意味がわからん！」

かつのりはますます混乱してきた。

「オレがあの場所で産まれた？」

キジムナーがかつのりの隣の枝に座った。

「アハハ。あのね、母龍が鎮座していたあの場所のくぼ地は、母龍の子宮なんだ。それで、かつのりは四男龍として、あの場所で龍体、だから物質ではないエネルギー体として産まれたんだよ。この表現だと理解できる？」

かつのりは、うーんと唸りながらも、必死で理解しようとした。


「つまり、この肉体じゃない状態で産まれたってことか。しかも龍として」

「そうだね。これは、厳密に言ったら、今のかつのりがエネルギー体となって産まれたわけではないよ。余計に混乱するかもしれないけど。第四の龍、つまり龍神の四男というのは、〝役割〟を指すんだ。だから、今のかつのりがこの世に生まれる前は、別の人が、その人の前にはまた別の人が、っていうふうに、代々その役割は継がれてきたんだよ。

ただ、これまでの時代は、沖縄の龍の物語は開示することができなかった。時代的に、受け入れられる話じゃなかったしね。でも、やっとこの物語を公開できる時代になったんだ。それを公開する、伝承を伝えていくガイドの役目こそが、第四の龍にあるんだよ」

「それがオレってこと？」

まだハテナがいっぱいのかつのりを見て、キジムナーは軽く笑った。

「ビックリするよね。でもさ、龍神たちは人間に物語を、実際に話すことができないでしょ？　だって、龍が見えない・聞こえないっていう人がほとんどなんだから。だから、ガイド役となる人間が必要なんだよ。かつのり、キミならガイドができるでしょ。人間として話せるし、動けるしね」

「……うん、まあ、そうだけど」

村上天皇の教え

天皇家の血を継ぐ家系

「オレは普通の人間として、一般家庭に生まれているし、しかも内地だし、沖縄に関するそんな大きな役目があるなんて、思いもしないよ」

かつのりがキジムナーにそう言うと、頭の中で自分ではない人の声が響いた。

「おまえは天皇家の家系の子孫なのだぞ」

「……キジムナー、今の声、聞こえたか？　オレの空想？」

「ううん、ハッキリ聞こえたよ。この声は、人間かつのりの家系のご先祖さまだね」

「さよう。我は、村上天皇※。おまえの父親の家系を辿ると、我にあたるぞ」

「ちょっと待て……今度は天皇？　オレのキャパ限界なんだけど」

神仏の次は、先祖とつながったかつのり。さらなる困惑の中、村上天皇の話は続いた。

「おまえは幼い頃、父方のじいさんからこんな話を聞かされたのを覚えていないか？　〝中本家は村上水軍※の中核を担っていたんだ〟と」

「村上水軍？」

かつのりは、はるか昔の祖父との記憶を辿った。

「オレのじいちゃんか……オレは山口県生まれだけど、確か四国から来たと言っていたような……あ！　そういえば、〝俺たちの家系は海賊だからな〟ってじいちゃん冗談でよく言っていた気がする」

「そうだろう。四国の中本家、かつ村上水軍の中核。今度、おまえも先祖を調べてみるがよい。調べると、中本とはもともと〝本中《ぽんちゅう》〟一族であり、その名のごとく、本陣のど真ん中にいたことが出てくるだろう。

その一族をたどっていくと、我にあたるのだ」

「そ…そうなのか。っていうことは、オレの家系は、村上天皇の末裔？」

※村上天皇：第62代天皇（在位９４６年〜９６７年）。醍醐天皇の第14皇子。
※村上水軍：14世紀中頃から瀬戸内海で活躍した〝日本最大の海賊〟一族。強い同族意識を持ち、海上機動力を武器に、戦国時代には瀬戸内海の海域を支配。国内の軍事・政治や海運の動向も左右した。

見えない世界が見えていた

「天皇家は代々、宇宙とつながり、神とつながってきた。だから、天皇家の血を継ぐ者の中には、人間には見えない世界と強い結びつきをもつ者も多いのだ。

おまえもそのひとりなのだよ」

「見えない世界との結びつき？　まぁ、沖縄に来てから、ここにいるキジムナーから始まって、天照神やら龍神やら仏さんやら、たくさん対話をすることになりましたけど……」

「そうだろう。おまえは本来、見えない世界が見えていたのを覚えていないか？」

「え？　オレが？」

その時、かつのりの脳裏に、ある光景が蘇ってきた。

「そんなものを拝んでなにになるんだ！　神仏がメシを食わせてくれるわけじゃねーだろ」

そう言って、怯える母の前にある神棚を破壊する父親の姿。

小学校に上がったばかりのかつのりは、怒りに震えながらもなにもできず、母の隣にいるしかなかった。

母の拝む姿。暴れる父。そして、神棚の前で祈る幼き自分——。

一気に子どもの頃の記憶が吹き返してきた。

「……あぁ、そうか。思い出したよ。オレは母ちゃんと一緒に、いつも祈っていた。だから物心ついた頃には、ずっと神事をさせられてきたんだ。小さい頃は、いわゆる幽霊も地縛霊も守護霊も、天使や妖精と呼ばれるような存在も、当たり前のように見えていたし声も聞こえていた。それが〝普通〟だと思っていたんだ。でも、親父は母ちゃんやオレが神仏を信じて祈ることが許せなかった。気持ち悪がられて〝止めろ！〟といつも怒鳴られていた。でも、母ちゃんとオレにはやらなきゃいけないことがあった。

それが、祈り。拝みだったんだよ。

ただ、オレが学校に通うようになったら、〝見える・聞こえる〟があるせいで、嘘つき呼ばわりされて、仲間はずれされるようになった。

このままだと、この世界では生きづらい。

そう思って、みずから〝見える・聞こえる〟を封印したんだ。小さい頃のその記憶も一緒に」

そこまで一気に吐き出すと、かつのりは深呼吸をした。

「そこから大人になるにつれ、いわゆるスピリチュアルに対して〝アンチ〟になった。神とか愛とか光とか、気持ち悪い！　そんなものを信じてなにになるんだ！って。……まるで親父みたいだ。ははは、さすが親子だな」


かつのりの話を、村上天皇は静かに聞いていた。

「記憶を呼び覚ましてくれて、感謝する。おまえの母親は仏を信仰し、神仏を重んじてきた。だから祈りを欠かさず、おまえにも教えていた。

一方、おまえの父親は天皇家の血を継いでいるが、恐れゆえにこじれていたな。本来は祈りの家系。それはおまえにも脈々と流れておる」

「祈りの家系……」

「そうだ。おまえは、祈り人として、これから見えない世界とつながるようになるだろう。かつてそれが当たり前だったように。そうして、おまえの今世の役目や使命をまっとうするがよい。

歴史史上、もっとも重要な時代に生まれたおまえを、我が一族、皆が見守っている。応援しているぞ、かつのり」

天《あま》火《ひ》龍《りゅう》大《おお》神《かみ》の教え

街中から見守る龍神

ご先祖の登場で、まだボーッとしているかつのりを、

「ちょっと歩こうよ」

と、キジムナーは連れ出した。

高層ビルこそないものの、民家や企業の建物が並び、車が行き交う道の歩道を歩いていると、キジムナーが急に声を発した。

「かつのり、行き過ぎたよ！」

「え？　なにが」

「ちょっと後ろに戻って。なにか気づかない？」

言われるままに数歩戻ると、道端に高さ50センチも満たないほどの石碑が建っている。

「石碑だ……あっ！」

刻まれた名を見て、かつのりはハッ！とした。

そこには、「天火龍大神」の名がハッキリと刻まれている。名の上の紋様には、神世二代目を表す「二」の文字。

「〝火〟ということは、ここは次男の龍神か」

「よぉ、おまえ、俺らの弟だろ？」

石碑の周りで可憐に咲く花が場違いに思えるほど、勢いのある声がした。

「あ、どうも。か、かつのりです。どうやら四男らしいっす」

「知ってる、知ってる！　兄貴のとこに行ってたから、次はここに来るかな〜って思ってたさ」

「長男とは声の口調も存在感もまったく違うな。似ていない人間の兄弟みたいに、龍神兄弟でもそうなのか」

そんなことを思いながら、かつのりは気になったことを聞いてみた。

「あのさ、なんでこんな道端にいるの？　父龍も母龍も、長男だって、静かな場所で、木に守られるように鎮座しているのに」

自転車に乗った女子高生たちが、キャッキャッと話しながら、かつのりの後ろを通っていく。

「え？　だってよ、この車道ができるより、近くに高校が建つより、俺のがずっと先だぜ、ここにいたのは」

「まぁ、そうか」

龍神の時間軸を忘れていた。

「っていうのもあるけど、いざとなれば移動なんてすぐできる。自分の好きな場所にいるだけだよ。俺はさ、街の中で、人間の営みを見るのが好きなんだよね。こんなことに悩むのか、遅刻すると怒られるのか、これを幸せだと感じるのか、とか。俺らじゃ体験できないことを、人間はできるだろ？」

「肉体があるからこそ、できる体験ってことか」

その視点で人生を考えたことがなかったかつのりには、新鮮に感じられた。人間として生きる意義が、ちゃんとある。

「近所に住んでいるおばあが、ある時、俺の石碑を見て言ったんだ。

〝あらあら、こんなところに神さまがいたんか。そりゃキレイにしないといけないね～〟

俺がなんの神なのか、よくわかってない。名に〝火〟とか〝龍〟ってあるから、火の龍神なのかな、くらいだろうな。それでも、こうしてキレイにして花まで咲かせてくれている。おばあの美しい心と行動を、ありがたいと思ってるよ」

よく見ると、石碑の並び10メートルほど、花壇がキレイに整備されている。日頃から手入れされているのだろう。

「人も神も、名が忘れられてしまうと、廃れてしまう。存在しないも同然になってしまうんだ。俺らの石碑を残してあるのはそのためさ。神の名を留めておくことっていうのは意味がある。名を持つほうが、その力を保てるわけだからな。

だから、四男であるおまえには、俺たち龍神家の名を伝えていってほしいんだ。そうすることで、人間も、自分たちが何者であるかを見失うことなく、龍人としての自覚をもって生きていけるだろうから」

神も人も皆スゴくて偉い

「人間は、俺ら神を、〝すごい〟存在として別格にしているけど、決してそんなことないぜ」

次男は、変わらず軽い口調で言った。

「俺はここで人間を見守っているだけで、人間が体験していることを同じようにすることはできない。そもそも、肉体がないからな。物質化できないわけよ」

「そうだよな。オレたち人間は、物質の世界で生きるのが大前提だし。物に囲まれて、物を食べて生きている。神も仏もそれができないってことだろ？」

かつのりの言葉に対して、天火龍大神は「そゆこと」と返した。

「俺ら、神や仏はエネルギーとして存在していて、この3次元の世界では物質化できない。だから、物質として生きているおまえたち人間が必要なわけ。地球での人生を、俺らはできないわけだからな。だから、俺らのことを、〝すごい〟〝偉い〟っていうなら、人間だってすごいし偉い存在なんだよ」

「どっちが偉いわけじゃない。みんなそれぞれすごいし、存在しているだけで、みんな素晴らしいのか」

「そうそう！　それなのにさ、人間は自分を卑下しがちじゃん？　神仏はすごいし偉いからって、拝んで願いを叶えてもらおうとして」

思い当たる節しかないなと、かつのりは内心思った。

「俺ら神と呼ばれる存在もそうだし、人間の人口だって山ほどいるだろ。今、地球は80億人くらいいるのか？　それでも、誰一人として同じ人間はいないだろ。かつのりは、この世界でたった一人しかいない。地球が誕生してから、１０００億以上の人間が生まれている。けど、それでも、かつのりはたった一人。誰もやったことがない人生を体験している最中だろ。物質を持たない俺らからしたら、すげーことやっているな、人間って！って思うわけよ」

「なるほど。そう考えたことなかったよ」

かつのりの中に、じわじわと自信が湧いてきた。

「この〝かつのり〟って人間は、地球史上、宇宙史上、オレしかいない。オレだけが経験できる人生……まだ誰も成し得なかった人生を生きている。そう思ったら、すごく尊いな。オレだけじゃなくて、みんなの人生も」

石碑の向かいにある交差点の信号が変わったのか、車が一斉に発信する音が聞こえた。

天《あま》水《すい》龍《りゅう》大神《おおかみ》の教え

見てくれで判断しない

「ここは、公園？　天気もいいし、ジョギングでもするのか？」

次にキジムナーに連れられて来たのは、見晴らしいのいい場所。ゆっくりと散歩するおばあや、ベビーカーを押した親子がほのぼの過ごしている。

「次は誰に会うか、もうわかってるでしょ」

「まぁ、順番でいけば、三男の龍神だよな」

「では、どこにいるでしょう!?」

キジムナーにそう言われ、辺りを見渡す。が、それらしい石碑はない。端から端を見ても、なにもない。

「え、ホントにここ？」

キョロキョロと探すかつのりに、キジムナーは笑いながら言った。

「目だけじゃなくて、耳を澄ませてごらんよ」

聞こえる音に意識を集中させると、少し離れたところから、水の音がした。

ポチャン、プクプクプク……

その音がするほうへ歩いていくと、どうやら地面から水の音がしているようだ。

「この辺りの地面から水の音がするけど」

音を頼りにしていると、かつのりはつまずきそうになった。足元に、ブロック1個分ほどの灰色の石が埋まっている。

「なんだ、この石？　……あれ、この石の下から音がする」

「あ、気づいてくれた？」

ピシャンと、水を跳ねながら、小ぶりの龍が地面から地上へと昇って、かつのりの顔の正面で止まった。

「え!?　オレ、龍が見えてる……」

「そりゃ、かつのりは見えるでしょ」


水しぶきをピシャと飛ばしながら、クルンクルンと動いている。

「僕は、天水龍大神。龍神の三男で、かつのりの兄ちゃんだよ」

「……なんだか気持ちよさそうに動くんだな。空中なのに、泳いでるみたい」

「うん、僕らには空中も水中も、あまり関係ないからね」

「僕はさ、かつのりのことをずーっと見守っていたよ。オギャーって産まれて、父ちゃんに反対されても神さまにお祈りをしてて、大人になっていろんな仕事をして、沖縄に来て。やっとかつのりが、自分の使命に気づいてくれた〜ってすごく嬉しいんだ」

　本当に嬉しそうに、ピシャピシャ水を跳ねている。

「ずーっと、ってどういうこと？　……あ！　そうか。あなたはオレの守護神だったよね。オレの干支の、寅の神でしょ？」

「そうだよ！　それを知ってくれたことも嬉しいよ」

「守ってくれていて、ありがとう」

　かつのりは素直に感謝を伝えた。

「ところでさ。あなた、龍神でしょ？　なんで石碑がないの？」

「あるじゃん、ここに」

　そう言って、天水龍は、かつのりの足元をくるくると回った。

「あるって、これ!?　ブロックじゃないの、これ。なんも書いてないじゃん」

天水龍は、回りながら、またかつのりの目線まで戻ってきた。

「うん。名前も書いてないし、紋様もない。ただの石に見えるだろうけどね。でもね、これでいいんだよ、僕は」

「これでいいって……あまりにも、なにもなくないか？」

「そうかつのりが思うのはね」

ピシャンと、水が跳ねる。

「見た目で判断する癖があるからだよ」

「見た目で？」

「神さまの場所には、立派な石碑があって、名前も刻まれているのが当然だと思っているでしょ。もちろん、名を記すことで、力を持つことができるよ。でも、僕にはその必要はない。僕のことをわかってくれる人だけが、会いに来てくれたらそれでいいんだ。豪華であるほど力がある、というわけではないからね」

「そういうもんなのか。神というからには、ちゃんと崇められるようになっているのかと思ってた。それこそお賽銭箱があったりさ。そうやって大事にされている神こそ、力が強いのかなと。それはオレが、見た目で判断しているということか」

かつのりは、足元にある、一見ただのブロックに見える龍神の石を見つめながら呟いた。

「神にはそれぞれ役目がある。それは人間も同じだけどね。人間たちが集う人気の神社では、堂々と祀られている神もいるよね。それは、その神の役割。僕は、こうして知っている人じゃないと誰も気づかないような場所にいて、ここの地下水脈から人間を見守ったり、水を司っているんだ。それにさ」

今度は体を伸ばしてスイスイと泳ぐように、かつのりの周りを回っている。見た感じより、意外と龍体は長い。

✴あなたが神ならイヤでしょ

「いくら僕が神だとはいえ、ここに来て〝パワーをください！〟とか言う気にならないでしょ？」

「うん、確かに。そもそもここ、公園だしな」

「キミたちの人間界では、〝パワースポット〟って呼ばれる場所が流行っているみたいだね」

「あぁ、よく聞くね。オレが沖縄の神社にいる時、内地から観光に来ましたっていう人たちによく会うんだけど、パワスポ巡りをしてますって言う人が多かったよ」

「そうやって、神仏の存在を感じてくれるのは嬉しいことだよ。ただね、パワーをもらいたいから、そういう場所に行くというのは、僕たちの意図したことではないんだな」

　龍体が、８の字の形に戻った。

「僕らがどんな神なのか。それをわかってくれたうえで、会いに来たり、挨拶しに来てくれるのは嬉しい。でも、実際は、神のパワーや光を自分のものにしたいから〝くれくれ〟と、奪いに来ている人が多いのも事実なんだ」

天水龍はかつのりの目を見ながら、話を続けた。

「龍が好きと言ってくれている人が、もし〝大金が手に入るから好き〟という理由だったら、それは僕たち龍も残念だな〜って思うんだ。たとえて言うなら、キミたちが自分のパートナーに、どうして僕が好きなの？と聞いたら、そんなのお金持っているからに決まっているでしょって言われるのと同じこと。そう言われたらどう？」

「それはガッカリするよな」

かつのりが同意すると、天水龍は水をピシャンと跳ねた。

「ご利益があるから神社に行く、パワーがもらえるからパワースポットといわれる場所に行く。それって逆に言えば、ご利益もなく、パワーがもらえないなら行かないってことでしょ。あのね、僕たち龍神をはじめ、神は願いを叶えてくれる存在ではないよ。

神は、キミたちの宣言を聞き入れてアドバイスするだけなんだ」

「宣言？」

「そうだな〜たとえば……」


かつのりの疑問を察知して、天水龍は言葉を探している。

「かつのりは、恵比寿さまとお話ししたでしょ」

「うん、会って話したよ」

「あの恵比寿さまは、人間の世界では〝商売繁盛の神〟といわれているよね。神にはみんな〝役割〟がある。だから恵比寿さまを人間の3次元の世界に置き換えてみると、敏腕のビジネスコンサルになるわけ」

「恵比寿さまがコンサルタント……」

「そう。そう考えたら、もしかつのりがビジネスを学ぼうとしてコンサルを受けたとしても、その先生からアドバイスはもらうけど、お金をもらうことはないよね？」


かつのりは腕を組みながら、天水龍の言葉をじっくり考えた。

「なるほどな。ビジネスを学んで成功させます！という宣言に対して、神さまはアドバイスをしてくれる。その時に、神さまからお金をもらうわけではない。ということは一方的に、神からもらおう、奪おうとしても、それはそもそもできないってことか」

「うん、そういうことだね。でも、実際は、神のパワーや光を自分のものにしたいから〝くれくれ〟と、奪いに来ている人が多いのも事実。僕のとこには、みんな知らないから来ないけどね。ハハッ」

「あ！　あとね、キミたちに言いたかったことがあるんだ」

「なんだ？」

天水龍はかつのりの周りをスイスイ動きながら続けた。

「お賽銭箱がない聖地ってあるでしょ。僕の石碑もそうだけど。そこに、お金を置いていくのはやめてね」

「え、置かないほうがいいの？」

「うん。人間はなぜか、お金を聖地に置きたがるよね。池があったら投げ入れたり、岩や木の間にお金を入れたり。それって、ただ自然を破壊してるだけだし、そのお金を取っていく人も現れるでしょ。つまりね、神さまのお金を盗ませる行為をわざわざ生んじゃっているんだよ。

沖縄の人が拝む時に置いていくことはあるけど、そのお金以外は、絶対に置かないでね。これは沖縄に限らず、内地でも許可なくお金を置くことはしないでほしいんだ。もし聖地にお金を払いたいのであれば、そこを管轄している神社やお寺など、管理している所にお賽銭として渡してほしいな」

「なるほどね。もしかしたら、ご利益があるからという気持ちからお金を置いていっている人も多いのかもな。オレもこれから気をつけるよ」

「じつは、かつのり、キミは僕の奥さんにもう会ってくれているんだよ」

「え、いつだっけ⁉︎」

覚えがない。かつのりは、これまでに訪れた場所を、頭の中で猛スピードで振り返った。

「えーっと、えーっと……あ！　龍神ではない、宇宙から降り立った女神か。いちばん最初に行った沖宮で、3神一緒に祀られていた、あの神さま？」

沖宮で、天受久女龍宮王（アマテラス）と、天受久男龍宮王（スサノオ）と並ぶ、〝底臣幸乙女王〟と刻まれた立派な石碑を思い出した。（P33参照）

「そうそう、その女神が、僕の奥さん」

天水龍はそう言いながら、ピシャピシャ跳ねている。

「奥さんはずいぶんと立派に大切に祀られているんだな。……これも見た目で判断していることになるか？」

「ハハッ、それは見たままを言っているだけでしょ」

楽しそうにクルクル動きながら、天水龍が答える。

「僕の母龍と話したよね。あのね、女性ってすごいんだよ！　女性がいなかったら、誰もこの世に生まれてない。男はね、どう頑張ったって女性には勝てないいんだから」

「確かに、母龍はそう言っていたな」

「だからね、僕のことはいいから、奥さんを大切にしてほしい。僕は本心からそう思ってるんだ。女性を立てる男こそ、カッコいい男だよ。かつのりも覚えておいて。キミもそろそろ、沖縄に引っ越すんでしょ。それならますます、沖縄では女性を立てる男じゃないとね。

　こっちに来て落ち着いた頃に、またおいで。キミのことは守護神としていつも見守っているよ」

　そう言うと、天水龍はピシャンとひと跳ねして、地面下へと消えていった。

第5章　第四の龍

column

イレギュラーな「4」だからこそ突き進む

これは〈かつのり〉としてではなく、〈中本勝得〉としての私の実話です。

私が沖縄に移住する前、沖縄の龍神伝承を教えてくれたのは、ベストセラー作家のさとうみつろう氏でした。

石垣島出身で沖縄在住のうちなんちゅである、みっちゃん（親しみを込めてそう呼んでいます）から当時聞いたのは、父龍と母龍、そして長男の龍神の居場所まで。その後、沖縄に移住してから、次男と三男はどこにいるんだろう?と、探索を始めました。

しかし、内地もそうでしょうが、沖縄も伝承はすべて口伝のため、なんの文献も残っていないと思っていました（のちに沖宮に残されていたことを知りましたが）。ましてや、この龍神伝承を知っている人は、沖縄の人でも限られていますから。

調べ始めてみると、沖宮には、旧正月に父龍・母龍・3兄弟を巡礼するというならわしがあることを知りました。そこで、過去に一緒に回ったという人のブログ記事を発見。掲載されていた写真をもとに、グーグルマップとストリートビューと龍神たちへのリーディングを駆使して、ついに場所を突き止めたのです。

その時、みっちゃんに「見つけた！」と報告すると、

「かっちゃん（私のニックネーム）、龍神伝承にまつわることを今後していくことになるはずだから、すぐに全部調べるといいよ」

と、アドバイスしてくれました。

そうして、龍神3兄弟だけでなく、それぞれの奥さん女神、9人の龍人の子どもたちの鎮座地を、1カ月以内に見つけることができたのです。

沖縄に来てから紹介された若いユタさんにお会いした時、私には3つの光がついていると見えたそうです。

そこで、龍神3兄弟を見つけた話をしたところ、

「そうですか、あなたは4番目の龍なんですね」

と、教えてもらいました。兄貴である龍神3兄弟が、私についていたんです。

その話は、みっちゃんも一緒に聞いていたのですが、

「もしかしたら、かっちゃんが四男として産まれた時、乳母としてとり上げたの、オレかもしれないね」

と、笑っていました。

その話が本当であっても不思議じゃないくらい、彼とはご縁が深いと感じています。実際、私が沖縄に移住するきっかけになった、ゲストハウスをオープンするという夢を叶えるために、多大なサポートをしてくれたのは、みっちゃんでしたから。


本文でも出てきましたが、沖縄では「3」を大切にしています。龍神だって3兄弟だし、嫁いだヒューマノイド型宇宙存在だって、3女神。そして子どもたちの9人は3の倍数。

3がレギュラーの世界なので、「4」というのはイレギュラーです。

でも、イレギュラーがないと、次の世界へ進むことができないのです。逆をいえば、4という数字をもつ者が、龍の伝承を開示することで次へ進めるという役割があるのでしょう。


「4」という数字をよく見てみると、なにかのマークに見えてきませんか？

そう、方角のマーク「4」。

そこからも、突き進むというエネルギーが、4には込められていると思っています。

「4」といえばもうひとつ。四葉のクローバーがありますね。

三つ葉が変形した変わり者。だけどその「変わり者の四つ葉」を見つけることができたら幸せになるといわれていますよね。

なので、私は変わり者であり続けたいです。

第6章

スピリチュアル能力の復活

✴そして、沖縄へ

沖縄への移住を決意すると、かつのりの状況は一変した。宇天良長老が巻き物を読み上げた夢が、本当に現実になったのだ。

移住を決めると同時に、本島の南部に位置する南城市に、部屋数はあるけれど、長い間、誰も住んでいない一軒家があるという話が舞い込んできた。期間限定で借りないか、という話に、かつのりは飛び込むことにした。

沖縄で仲良くなった友人や神人たちの手を借りながら、あれよという間にゲストハウスをオープン。はじめは内地の友人たちばかりが泊まりにきてくれたが、そのうち、観光案内のサイトでも、人気のゲストハウスとして上位に取り上げられるほどになっていた。

慣れない仕事でバタバタしながらも、叶わないと思っていた自分のほのかな夢が現実になっていることを、かつのりは日々噛み締めていた。

そして、移動や買い出しの合間には、すでになじみのある龍神家をはじめとする、神さまや仏さまへ会いに行った。

宿の目の前にある海でゆっくり過ごす時間もないほど、忙しく充実した毎日。その頃には瞑想をする習慣も身についていた。

首里城　弁財天の教え

自分の現在地を知る

この日かつのりは、宿のお客さんの送迎の合間をぬって、首里城に来ていた。

池の片隅に、ポツンと浮かぶ小さな弁天堂がお気に入りだったため、たまにここを訪れては、小橋を渡ったところで御堂を前に瞑想することもあった。

「少し片寄っていますね、かつのり」

凛とした女性の声が響いた。周囲には、自分以外、誰もいない。声の主が誰か、かつのりは瞬時にわかった。

「あなた、弁財天ですね？」

「そう、私は、水の神である弁財天。あなたがここへ何度も訪れていることは知っています。ちゃんと見守っていましたよ」

姉御のような安心感をいだかせる声で、弁財天は続けた。

「この地へ来て、あなたはせわしい日々を過ごしていますね。ほかの者のために動き、この地に、この世に貢献しています。とても素晴らしいことです」

「あなたにそう褒められると、すごい嬉しいっす」

「ただ、かつのり、自分のことをおろそかにしていませんか？　自分の軸からズレていませんか？」

弁財天のその言葉に、かつのりはギクッとなった。


「あなたがた人間を見て感じていると、現在の自分自身のことを知らない者があまりにも多いのです。たとえば、スピリチュアルな世界を追求しようとするあまり、3次元の現実をおろそかにしてしまう。その逆も然り。なぜそうなってしまうのか、わかりますか」

「うーーん、バランスが片寄ってしまうからですかね？」


かつのりの答えを聞いて、弁財天は穏やかな口調で言った。

「あなたの言うように、結果的にはバランスを崩してしまうのでしょう。それはなぜか。自分自身のことを知らないからです。自分が何者なのか、**自分の現在地を知らないから**なのです」

「自分の現在地？」

「そう。一人ひとりが自分の中にある、男性性と女性性、高次元性と3次元性、得意なことと醜いこと……。それらを、どちらがいいと判断するのではなく、ただただ自分とはどういう存在なのかを知っていれば、ちゃんと自分の居場所に戻ることができる。自分の得意なことだけでなく、醜いと思う部分にもちゃんと目を向けてあげる。そして、それらもすべて〝自分自身〟なのだと認めてあげる。

そうすると、自分を見失うことなく、いつでも自分でいられるのです」

なかなか深い真意がつまっているように感じて、かつのりはじっくり弁財天の言葉を噛み砕いた。

「そうか。たとえば、自分を見失って中心にいないと、ほかの人が羨ましくなって、あの人みたいになろう！とか頑張ってしまう。そうやって自分をおろそかにして、ムリしちゃったり。そもそも、ほかの人と自分は別だし、その人の基準で頑張っても意味はないのに。

それは、自分の醜い部分とか、見たくない現実から目をそらせているからなのかもな。3次元がうまくいっていないからって、スピリチュアルな世界を探求することも、もしかしたら自分からの〝逃げ〟かもしれないし」

「あなたはよくわかっていますね」

弁財天の声が、ふと柔らかくなった。

「あなたが有名なメジャーリーガーとなって、何十億という一生暮らせるくらいのお金を稼ごうと思っても、メジャーリーガー級の野球の才能がない、その道は自分の道じゃないと認めているかどうか。認めずに、いつまでたってもがむしゃらに、有名な選手になることを目指しているとしたら、それは完全に自分を見失った状態です」

「え。弁財天もメジャーリーグなんて知ってるんすね」

「当たり前です。あなたたちの世界をどれだけ見守ってきたと思っているのですか」

ちょっと厳しめの凛とした口調に戻っている。

「とにかく、他人の物差しで測るのではなく、自分を知るのです。身の丈を知るのです。

自分の現在地を知り、中庸でいなさい。

ニュートラルでいるからこそ、トップにもバックにもギアチェンジができるのですから」

「車のことまで知ってるんすか!」

「……二度は言いませんよ」

二分化の本当の意味

「弁財天の言うように、オレたちはすぐに、中庸からズレて、どっちがすごいとか、光だ闇だ、正しい間違い、良い悪いって、分けたがるかもしれないですね」

「あなたがたはそれを、〝二分化〟という言葉で表現していますね」

「あぁ、その言葉、よく聞きます」

かつのりは御堂の軒下にある石段に腰掛けた。

「二分化の本当の意味を知っていますか」

「え、二分化の？　言葉のままなら、ふたつに分けて別ものとして区別する、という意味？」

弁財天はかつのりの答えを聞いてから、ゆっくりと答えた。

「そうとも、とらえられますね。

私があなたがた人間にお伝えしたいのは、なにがあっても自分のせいとして生きているか、それとも他人のせいにして生きているか。この二分化こそが、根本なのです。

しかし、これを本心から理解している人間はあまりいません」

「自分のせいか、他人のせい……つまり、自分に責任を持っているかということ?」


その言葉には直接答えず、弁財天は話を続けた。

「私のところにも、全国の弁財天のもとにも、連日たくさんの人々が会いにやってきます。我々とつながりたいと切に願い、祈りを捧げ、スピリチュアルな探求を真剣にしている人も多くいらっしゃいます。

しかし、その中には、自分の人生が思い通りにいかないことを、我々、神のせいにしたり、家族のせい、会社のせい、社会のせいにして、陰口を言っている人も多いのです。

これこそが、二分化。自分の外に答えを求め、救いを求める。そうすると、より分離が進み、さらに立ち行かなくなるのですよ」

感情に、良いも悪いもない

「そもそもあなたがたは、すべてを良し悪しで判断しすぎです。良いも悪いも、陰も陽も、すべてはあなたでしかないのに」

弁財天の声が響く。

「でもさ、嬉しいと思ったら良いなと思うし、怒ったりするとあとからイヤな気分になったりするんだよな。自己嫌悪が湧くっていうか……」

「それは、あなたが感情を良い悪しで判断しているからです」

「え、どういうことすか？」

かつのりは、身を乗り出して聞いた。

「本来、感情には、ネガティブもポジティブも、どちらが良い悪いなどありません。たとえば、喜怒哀楽という人間の代表的な感情がありますね。あなたは、喜怒哀楽をどう位置づけていますか」

「喜ぶと楽しいは、ポジティブで良い感情。怒ると哀しいは、ネガティブで良くない感情、かな」

「多くの人間が、そのように分類していますね。ネガティブな感情は良くないからダメだと、レッテルを貼っています。しかし、どんな感情であれ、備わっているのが人間という存在なのです」


うーん、とかつのりは首を傾げながら答えた。

「まぁ、そうだけど。どうしても、ネガティブな感情を悪いものとして判断しているよなぁ。だから、ネガティブな感情が湧いてきた自分を責めたり、ほかの人がネガティブな感情になっていると、今アイツ、良い状態じゃないんだなって、勝手に判断しているかも」

「判断しているご自分に気づけただけでも、充分ですよ。

どんな感情も、あなたがたにとっては、大切な感情です。そこに、良いも悪いもないのです。

もちろん、我々、神にも感情はあります。ただ我々はあなたがたのように肉体を持って動くことができません。ですから、感情を宿す実体のあなたがたが、感情を持つゆえにどのように行動するのかを見て、我々も学んでいるのです」

天久宮《あめくぐう》　弁財天の教え

帰り際、首里城の弁財天からの「天久宮《あめくぐう》へ行きなさい」という助言に従って、かつのりは琉球八社の一つである天久宮へ立ち寄った。

ここも、弁財天がお守りしている。

「かつのりってあんたね。首里の弁財天から聞いてるよ」

カラッとした声で話しかけられ、かつのりは足を止めた。首里城の弁財天とはまた違う意味での、強さを感じさせる。

「あ、はい。ここへ来るように言われたんすけど」

「あんたにね、渡したいものがあるの。手、出して。……はい」

かつのりの手に、金の杖が収まった。

「なんすか、これ。金色の、杖？　え、これがあるとすごい金運が上がるとか？　宝くじ買いに行ったほうがいいですかね？」

「ま、時が来たらわかるよ」

答えは聞き出せないまま、金の杖を託されたかつのりは、そのままゲストハウスに戻った。

また普段の忙しい日々を過ごしていたある日、奈良県からお客さんがやって来た。聞けば、吉野という山深いエリアの近くで、そこには天河大辨財天社《てんかわだいべんざいてんしゃ》があるとのこと。

「そういえば、恵比寿おじいの神人にも〝天河〟っていう弁財天のいる神社があるからいつか行くといいって勧められたな」

かつのりは、うっすら思い出した。

そのお客さんから、「天河まで来た時は自分が案内する」と言ってもらったこともあり、かつのりは思いきって奈良まで足を運ぶことにした。

依然、なんの意味があるのか不明だったが、「弁財天つながりだから」という理由で、天久宮の弁財天から託された金の杖も携えることにした。

現れた白龍と金龍

奈良の天川村は、想像以上に山に囲まれていた。沖縄の気候にすっかり体が馴染んでいたからか、かつのりにとっては肌寒く感じられる。

案内してくれたお客さんとその友人たちと一緒に、ご祈祷を受けることになったかつのりは、金の杖を手にしたまま本殿の座に座った。

ご祈祷が終わりに近づいた頃、突然、本殿の奥から白龍と金龍が現れた。

「えぇ!?」と驚きながらも、その美しさに目を奪われていると、その龍の正体をはっきり感じることができた。

白龍が瀬織津姫、金龍が弁財天だったのだ。

「瀬織津姫って、お不動さんの火炎に宿っていたっていう神だよな?」(第1章参照)

そんなことを思いながら龍の姿に気を取られている隙に、かつのりの手から金の杖がスーッと抜き取られ、龍の手に渡った。

「あ、その杖はオレの……ん？　ちょっと待て。もしやその杖を天河まで運ぶために、オレ、パシられたの⁉」

ここまで遠かったのに、とかつのりの口から文句が出そうになった瞬間、金の杖を軸に金龍と白龍が螺旋《らせん》を描き始めた。まるで立体のＤＮＡのように、波打って動いている。

「な、なんだ、あれ？」

呆然とするかつのりの目の前で、杖がキランと光り、刀に変わった。その持ち手の柄には３つの鈴が付いている。

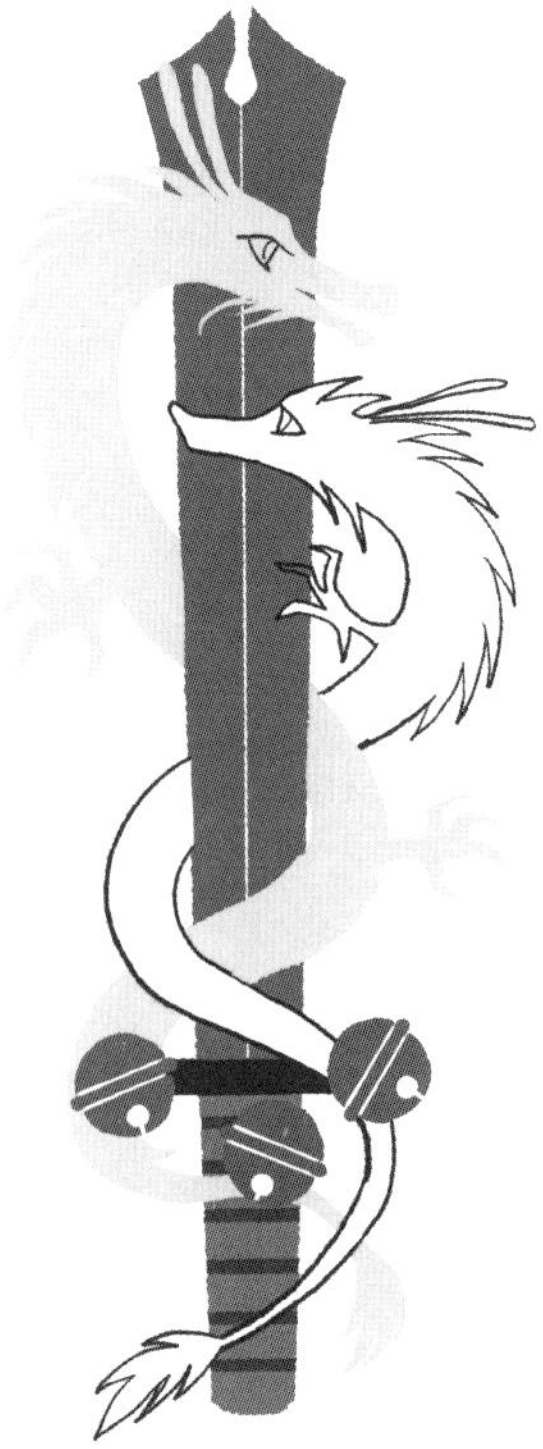

杖から、邪を祓う刀へ

「よくここまで来てくださった」

金龍の姿は消え、弁財天らしき高貴な女神がかつのりに話しかけた。

「あ、あの。あなたも弁財天ですよね？　さっき金の杖が刀に変わったように見えたんですけど、あれはなんですか？」

「あれは〝ちまきの矛《ほこ》〟と呼ばれるもの。『古事記』など日本神話に登場する天宇受売命《あめのうずめのみこと》が舞を舞われ、隠れていた天照大神が岩戸を開いた時に、アメノウズメノキミがその手に持っていた刀です。あなたには、この刀の力を皆に分け与えていただきたいのです」

「分ける？　どうやって？　なぜオレが？　その前に、この刀の効果効能がわからないことには……」

疑問だらけのかつのりに、天河弁財天は優しく語りかけた。

「その刀は、あなたがたの〝邪〟を祓う強力なものです。なおかつ、その力を授かった者の霊的能力《スピリチュアル》を上げる働きもしてくれるでしょう。もちろん、かつのり、あなた自身の能力も復活しますよ。あなたは、神事をする準備が整いつつありますからね。あなたの中で覚悟が決まれば、龍人を育てるにふさわしい器になるでしょう」

「はぁ。神事をする覚悟に、龍人を育てる器……？」

沖縄で龍神や神人から言われてきた、自分の役目や使命が頭をよぎる。

「私たちが伝えたいことは、このちまきの矛とともに、あなたに託しました。あなたにお任せしますから、皆に伝えてください」

帰路につく途中、かつのりは、天河弁財天に託されたちまきの矛をどう分けようか考えていた。

「レプリカの刀を作るか？　いや、身につけられたらいいな……ブレスレッドはどうだろう。オレも自分で身につけたいし」

沖縄に戻ると、かつのりは早速、天河弁財天と天久宮弁財天、そして瀬織津姫の3神のエネルギーを、3つの天然石に込めることにした。さらに、3つの石をぐるりと囲むように琉球ガラスで紡いだ。

琉球ガラスには、かつのりの龍神家族である、父龍・母龍・3兄弟にもそれぞれお願いをして、エネルギーを吹き込んでもらい、最強のブレスレッドが完成した。

天久宮の弁財天に、完成したブレスレッドを見せにいくと、

「うん、サイコー！　いい仕事したね。これをみんなに分けてあげて」

と、嬉しそうな反応が返ってきた。

実際、その頃には、ゲストハウスのお客さんから要望があれば、かつのりは龍神や仏さまのもとへお連れするガイド役をするようになっていた。手首には、青い琉球ガラスの最強ブレスレッドをお供にして。

アマミキヨ・シルミキヨの教え

一人ひとりが祈り人

ゲストハウスのお客さんも増え、さらに口コミもあって、かつのりは沖縄の聖地や御嶽へ案内するガイドとしても忙しくなっていた。

その中には、〝神の島〟と呼ばれる久高島でのガイドの回数も増えた。

最初に久高島を訪れた時は、キジムナーが案内してくれた。

「久高島にはね、沖縄を開闢《かいびゃく》した神アマミキヨとシルミキヨの伝承があるんだよ。内地では、イザナミとイザナギの神さまがいるでしょ？　それの沖縄版が、アマミキヨ・シルミキヨなんだ。

沖縄の人にもあまり知られていないんだけど、アマミキヨは1神だけじゃないんだよね。時代を変えて、沖縄の3箇所（久高島・浜比嘉島《はまひが》・国頭村《くにがみ》）に降り立ってるの。だから、個体ではなく〝アマミキヨ一族〟ってとらえたほうがわかりやすいかな。

そのアマミキヨの降臨地のひとつが、ここ久高島なんだよ」

「この島自体が御嶽で、お墓もたくさんあるんだよ。沖縄では城のことを〝グスク〟っていうんだ。もともとはお墓を指す言葉。〝お墓〟＝ご先祖さまに守ってもらう→守る→城ってとらえているんだよ。

お墓ということもあるから、人間がパワースポットだと言って、知らずにズカズカと足を踏み入れるのは、神さまもご先祖たちもいい気はしないよね。それに、立ち入り禁止の場所には絶対入らないことも大事。砂も珊瑚も持って帰ったらダメだよ」

そうキジムナーに教わり、かつのりはいろいろと案内してもらった。

「ここにも石碑が……」

かつのりの目に石碑が見えたのでキジムナーに伝えると、意外な答えが返ってきた。

「その石碑は、この島と関係がないものなんだよ」

「え？　どうゆうこと？」

「それは、誰かが勝手に作って祀ってあるんだよ。残念だけど、この島にも、沖縄本島でも、こういう石碑がたくさんあるんだ」

「そうなんだ……」


その後もかつのりは、キジムナーの教えに従って、神聖な場所を穢さないように敬意を払いながら、自分の空いた時間に久高島をよく訪れるうちに、ガイドもするようになっていた。


「また来たね、かつのり」

沖縄の祖神である女神アマミキヨは、いつもかつのりの訪問を迎えてくれる。

「あんたも聞いたかね？　この島の祭りを復活させようという動きがあるんだよ」

「おぉ、神人になる女性だけが参加できる儀式みたいな祭りだろ？　たしか……イザイホーだっけ」

神人の友人から、かつのりもその話は聞いていた。アマミキヨも当然、人間界の動きは把握しているらしい。

「昔は〝祈り人〟が決まっていたからね。今は時代が変わった。あんたたち一人ひとり、**誰もが祈り人であって神人**だからさ」

アマミキヨは祖神というより、かつのりにとってはおばあのような親しみを感じる。

「じつはな、あんたたちみんな、神の声が聞こえているし、私ら神のような目に見えないとされる存在だって見えるんだよ。**その能力は、誰にも平等に備わっているんだ**」

「そうなの？　でもオレのところに来てくれるお客さんの多くは、自分は見えたり聞こえたりしないから、〝神とつながりたい、龍を見たい〟って言ってるよ」

「それはな、いくつか理由があるんだよ」

人間のことをよくわかっているアマミキヨは、やはりおばあのようだ。

じつは誰もが、見えるし聞こえる

「あんたは小さい頃、普通に〝見える・聞こえる〟があっただろ？」

「うん。あった、っていうことを、少し前に思い出したよ」

封印していた幼少期のスピリチュアル的な出来事の記憶を解除したのは、沖縄移住の少し前のことだ（第5章参照）。

「そん時、なにが見えてたか、覚えてるか？」

「子どもだったから、目に見える存在がなんていう名前なのかわかんなかったんだけどさ。でも今思い返してみたら、天使とか妖精と呼ばれるようなキラキラした存在も見えていたし、ドロドロしたのもいたよ。身の半分が溶けているような幽霊とか。キレイな歌声が聞こえることもあれば、うめき声も聞こえてたなぁ」

「そうじゃろ。それが、〝見える・聞こえる〟ということだ」

アマミキヨの降臨地である岬から見る、真っ青な海は今日も抜群にキレイだ。

「神の声を聞きたい、龍神を見たいと思っている人は、そういうキレイな存在だけを見たいし、つながりたいと思っているんだ。反対に、ドロドロした存在は見たくないし、つながりたくない。そう思っているから、ちゃんと〝見えない〟し〝聞こえない〟のさ」

かつのりはそれを聞いて、妙に納得がいった。

「あぁ、なるほど。見たくないものを見ないように、ちゃんと自分で蓋をしているのか」

「そういうことだ。ただな、かつのり、見たくない・聞きたくないものはシャットダウンできるように、自分でスイッチのオン・オフの切り替え練習をするといいさ。そうじゃないと、心身ともに疲弊してしまうから」

「うん、わかった。意識するようにするよ」

「そもそもな」

アマミキヨが続ける。

「〝私は見えないんです、聞こえないんです〟って自分の口から発している時点で、その通りに叶うんだよ。そのくらい、**日本語の言霊《ことだま》は強い**んだから」

「コトダマ……」

「人間には皆、見える・聞こえる能力が備わっている。でも、私にはその能力はないと閉ざしている人がほとんどだ。それはなぜか」

ビューと音を立てながら、風が通り過ぎる。

「それはな。誰かの顔色をうかがっているから、という理由もあるんだよ」

「顔色を?」

「そうさ。じつはもう、見えている・聞こえているということがあるんだ。でも、すでにあんたたちの世界では、〝スピリチュアル〟と呼ばれる分野で活躍している人たちがおるだろ？　そうすると、〝あの人はすごい〟〝あの人が言っていることが正しいんだ〟と、自分と比べてしまって、〝自分にはスピリチュアルな能力なんてない〟と思い込んでしまうんだよ」

いつものように、アマミキヨは人間のことをよくわかっている。

「それを聞いて、思い当たることがあるよ」

かつのりは、ガイドをしたお客さんたちのことが頭に浮かんだ。

「〝あの雲、龍に見えるんだけど、どうですか？〟って、お客さんに聞かれることがよくあるんだよね。その人がそう見えたなら、それが正解なんだとオレは思うんだけど、なぜかみんなオレに聞いてくるんだ」

「それはな、皆ハッキリとした答えを、誰かに、なにかに求めているからだよ。なぜなら、ほかの人の顔色をうかがっているから。

自分がそう思うなら、それでいい。その雲が、龍でもムーチー（餅）でもいいじゃないか」

ムーチーの雲を思い浮かべて、かつのりはフッと小さく笑った。

「大事なのは、ほかの人がどうじゃなく、〝私にはこう見える、こう聞こえる、こう感じる〟と言える環境に身を置いているかどうかだよ。そういう環境を選ぶこともそうだし、一人ひとりが自信を持って強くなることも大事だね。あんたはお客さんをお迎えする立場だから、そういう環境を作ってあげるといいさ」

直感こそ、いちばんの能力

「アマミキヨとの対話はやっぱり楽しい」

そう、かつのりが思っていると、アマミキヨが質問してきた。

「かつのり、人間にとっていちばんの能力はなんだかわかるか？」

「いちばんの能力？　なんだろう……」

「あんたも、気づいてないだけで、いつも使っているもんだよ」

「使う⁇」

「それはな、直感」


思っていたよりも、簡単な答えだった。

「え、そうなの？　それがいちばんの能力？」

「そうさ。あんたたち人間は、能力というと〝超能力〟とでも思っているみたいだね。違うさ。人間誰にでも備わっているいちばんの能力は、直感さね。私らはね、〝ふとがみさま〟って呼んでるよ」

「ふとがみさま？」

「そう、〝ふと来る神さま〟だからね」

「……確かに、ふと来るよね、直感って。しかも短くね？」

かつのりの言葉に対して、アマミキヨが被せるように言った。

「あんな、短くなかったら、直感じゃないんだよ。グダグダ長い文章で言われても、すぐに反応できないだろ？

人間の時間感覚だと1秒くらいで、〝ふっと〟思う。それなら、すぐに行動できるでしょ」

「まぁ、そうだね。〝あ、ラーメン食べよう〟とか、〝あ、今日はこっちの道に行こう〟とか。そういうのが直感ってことだろ？」

「あぁ、そうだ。だいたいあんたたちの感覚で、1～2秒が直感。3秒以上になると思考になるんだ」

「思考……」

「あんたが、〝あ、ラーメン食べよう〟と思ったとする。最初の1～2秒は〝ラーメンか〟となるけど、3秒くらい経つと〝ラーメン、昨日も食べたし〟とか、〝こんな遅い時間にラーメンなんて食べたら太るじゃん〟とか思うだろ？」

「神さまなのに、夜中にラーメン食べたら太るとか言うんだ」

かつのりが、冷やかし半分で言うと、アマミキヨはムシして続けた。

「ラーメンっていう直感が来たからといって、ラーメンを食べるとは限らない。ラーメン屋に向かう途中で、あんたになにか気づきが起こるかもしれない。その道中でいい出会いがあるかもしれない。いつもと違う道を行こうという直感に従ったら、いつもの道で事故が起こったということだってある。

人間の直感は、事前に知ってるんだよ。あんたたちにとってプラスとなる道を」

アマミキヨの言葉を聞いて、かつのりはこれまでにふと来た直感を思い返してみた。

「うん、言われてみたらそうかもしれない。カッコよくいうと、〝自己防衛能力〟のような」

「その通りだよ。直感に従っていたら、まず悪いことは起こらない。現状維持か、新しいことが起きるのみ。だからあんたたちにとって、良いことしか起こらないんだよ」

「……人間って、じつはすごい能力を、デフォルトで備えてるってことか」

「そう。だからじつは、直感は〝超能力〟なんだよ。これを使いなせるようになると、いろいろなことができるようになる。たとえば、神とつながってリーディングみたいなこともね。あんたは〝それも〟人に伝えていくことになるよ」

「オレがリーディングを教える……なんだか、いろいろやらなきゃならないことがあるのか」

神さまは究極のマニア

「あんたたちは〝神さまってすげー〟と言って、わざわざ会いにきてくれるけど、私らからしたら〝人間ってすげー〟のよ。だって、一人でたくさんのことができるだろ？」

「アマミキヨはなんでそう思うの？」

〝人間もすごい〟とは、ほかの神さまにもよく言われることだ。かつのりは、アマミキヨがなぜそう思うのか、聞いてみたくなった。

『あんな、神って、分業制なの。豊作の神なら、今年は豊作になるように仕向ける。家内安全の神なら、家族がケガしないように見守る。トイレの神なら、トイレを守るのみ。なにかに特化しているだけで、ただのマニアックなわけ」

アマミキヨの答えに、かつのりは思わず吹き出した。

「ハハッ、そう言われればそうか！　太陽の神なら月に関しては効力発揮しないし、怪力の神なら人間の恋愛相談とか乗ってくれなさそうだしな」

「だから、日本には八百万《やおよろず》も神がいるんだ。八百万には、〝それだけたくさん〟という意味があるからね。蓋を開けたら、神々みーんな、ひとつのことのみ追求するただのマニアだね」

「それを思ったら、あんたたち人間はどうか？」

アマミキヨの声が、グッとかつのりに近づいたように感じる。

「八百万にはできなくても、**すべてが備わっているのが人間**だよ。もちろん、ひとつのことを極めている神と比べたら、レベルは低いかもしれんが、一人の人間で平均的にあらゆることができる。

神をすごいというのなら、あんたたち人間は素晴らしい存在なんだよ」

「そうか……オレたち人間は、低レベルだとしてもオールマイティだよな。神さまたちの寄せ集めが人間ともいえるってことか」

かつのりがそう呟くと、アマミキヨはわかってもらえたことが嬉しそうだ。

「そうだよ。人間は神に助けを求めたり、手を合わせたりするけど、私ら神だって、人間が必要なんだ。

だから、**神も人間も平等。**手を取り合って世界を創っていきたいと、私ら神は願っておる。あんたたちにも同じように思ってもらえたら、どんなにか素晴らしい世界を創れるだろうねぇ」

奥武島 龍宮神の教え

龍宮神と龍神の違い

ゲストハウスの仕事の合間に、久高島のほかにも奥武島《おうじま》へ、かつのりはよく訪れていた。本島から100メートルほどの橋を渡ればすぐ着く、とても小さい漁港島だ。

ある時、島の南側を車で走らせていると、「龍宮神」と書かれた看板に目が留まった。車を降りて、その看板の前に立つ。

「龍宮神……。龍神となにが違うんだ？」

「それはな」

突然、目の前に広がる海から声が聞こえてきた。海深くを、シュルシュル動いている龍の気配がする。

「俺たち〝龍宮神〟とは、海の神。海に棲み、海を司っている。

一方で〝龍神〟とは、おまえたちがイメージするような、いわゆる〝龍の姿をした神〟。宇宙から降り立った神のことだ」


姿は見えないけれど、動いている龍宮神の様子が、かつのりの中でハッキリと映った。

「あぁ、あなたが龍宮神なのか。ほんとに海の底にいるんだ」

「そうだ。おまえは心の目が上手に使えるようになったな」

「ところで、もう少し詳しく教えてくれない？　龍宮神の話」


かつのりがそうお願いすると、龍宮神は、ほんの少しだけ海面近くまで上がってきた。

「簡単に説明すると、龍宮神は、海底を守る〝横軸〟の神。龍神は、宇宙・大地までの縦のラインを守る〝縦軸〟の神、といえばわかりやすいだろうか」

「おぉ、すごいわかりやすいな。龍宮神が海の神さまということは、オレたちが、航海安全とか大漁祈願を海の神さまに祈願する時って、龍宮神にお願いしてるってこと?」

「そういうことだ。内地では海の神としてしか知られてないがな。沖縄では、港や海の近くに拝む場所がある。多くは御嶽や拝所《ウガンジュ》だが、そこにいる神を〝龍宮神〟と呼んでいるのだ」

確かに内地では龍宮神って聞いたことなかったな、とかつのりは思った。

「おまえは今、南城市にいるんだろ? だったら、〝ニライカナイ〟の話は知っているだろう」

神人や沖縄のおばあから、聞いたことはある。

「死後の世界と言われている、理想郷のこと?」

「そう。龍宮神には本来、〝ニライカナイ〟っていう意味がある。内地にはニライカナイ信仰がない。だからひっくるめて、龍宮神ではなく、〝海の神〟にしているのだ」

この世はビュッフェ会場

「でもさ、龍宮神がなんの神さまなのか、知らないまま拝んでいる人が多いよね？　それって拝んでも意味があるのか？」

神や仏と対話をするようになってから、神仏にも個性があり、役目がそれぞれあることを知った。だからこそ、相手がどんな神仏なのかを知ったうえ拝んだり祈ることが大切だと、かつのりは思うようになっていた。

「まったく意味がないわけではない。ただ、人間は根本的にズレていることがある」

「根本的に？」

「あぁ。人間のお願い事を、日頃からたくさん聞いているが、自分から手を伸ばしたら取れるのに、〝ないから欲しい〟と言う者が多いのだ」

龍宮神は、ゆったり動きながら続けた。

「おまえたちが暮らす、この地球の世の中は、ビュッフェ会場なのだよ」

「…っ、ビュッフェ!?」

まさか海の底に棲む龍神から、ビュッフェなんて言葉が出るとは。

「俺は龍体だし地上にはいないから、おまえたち人間の〝ビュッフェ〟を体験したことはない。だが、どんなシステムかはわかってる。

この地上の世界には、どんなメニューも、全部備わっているんだ。ビュッフェでカニが食べたければ、取りいけばカニが食べられるだろ？　それができるのに、隣の人のお皿にはなんであんなたくさんカニがあるんだ？と文句を言うのは、根本的におかしいだろ」

「まぁ、そうだよな。食べたいなら、自分で取りにいけばいいよね」

「それとまったく同じことを、人間たちは神にお願いしているのだ」

龍宮神の話とビュッフェをつなげるのに、かつのりは少し時間を要した。

「えっと、つまり、オレたちは、欲しいものがあれば取りにいけば手に入る。それなのに、ただ座って、カニが食べたい、肉も食べたいと、勝手にオーダーしてウェイターを待っているだけ……ということか？」

「俺から言わせたら、まさにその通りだ。

この地球は、行動の星。肉体を持っているおまえたちにとってはな。俺たちは龍体だから、行動できない。物質の体を持って行動するからこそ、現実になる。だから、〝引き寄せ〟の法則ではなくて、自分から寄っていく**〝引き寄り〟の法則**と言ったほうがいいのではないか？」

「龍宮の世界でも、引き寄せを知っているのか」

「まあな。おまえたちの世界で流行っていただろう。願うだけでただ引き寄せられるのを待っているだけじゃ、変わらない。願うなら、自分から動くんだ。そうすれば、すぐに叶う。

それだけ地上の世界では、なんでも揃っているし、平等におまえたちに与えられているのだから」

「海底にいるのに、よく人間のことを知ってるんだな」

かつのりのその言葉に、龍宮神はニヤリとして、ダークブルーの深い海底へと消えていった。

龍神に触れて、目覚める

期間限定で借りたゲストハウスの家の期限終了も、そろそろ視野に入ってきていた。

その頃には、かつのりはすでに沖縄の御嶽や龍神をはじめとする神仏をご案内する、ガイドやツアーをしていたが、基本は、宿のお客さんから頼まれた時のオプションや紹介のみだった。自分から発信する勇気が、まだかつのりは持てなかったのだ。

「あれだけ〝アンチ〟スピリチュアル派だったし、オレのことを知っている内地の友人とかに、〝神だ龍だ仏だ〟なんて言ったところで、宗教扱いされるか、おかしくなったって思われるだろうなぁ」

そう思うと、なかなか自分から発信することができなかった。

しかし、神人や龍神たちから言われた「龍にまつわることを伝える役目」があることや、ましてや自分自身が〝第四の龍〟であることを思うと、殻を破って行動せねば、という焦りの気持ちが湧いていた。

ある日、宿の目の前にある浜に、ひとり座って瞑想しようとした。

「これから先、オレができることはなんだ？　本当に第四の龍として生きていくのか？　〝人のご先祖は龍神であり、皆が龍の子である〟ことを伝えていくのか？」

その疑問をハッキリと自分の中に思い浮かべた瞬間、目の前にバカでかい龍が海から現れた。

その姿は、アニメ『ドラゴンボール』で描かれていたシェンロン（神龍）そのものだった。

シェンロンはなにも言葉を放たず、蛇の瞳のさまで、真っ直ぐにかつのりを見つめている。すると、すーっとかつのりの目の前に、その大きな頭をもってきた。自然とかつのりは手が伸びる。シェンロンの額から鼻筋をすっと撫でると、亀の甲羅のような感触で、ゴツゴツした産毛のような毛に触れた。

不思議と、恐怖はまったくない。

言葉は交わさなくとも、目の前の大きな龍宮神とつながる感覚があった。

「……わかりました。オレは、あなたたち龍神のことを神事として、その役目を生きていきます」

そうかつのりが心の中で誓うと、シェンロンは海から出てきた時とは違い、目の前から一瞬ですっと消えた。

かつのりは浜からゲストハウスに戻るとすぐさま、パソコンを立ち上げた。勢いのまま新たにSNSを開設し、本名とともに肩書きを付け加えた。

龍の子を育てる、「龍人クリエイター」と。

column

神仏に対しての偏見はないか？

龍人クリエイターとして活動するようになった今、たくさんの方がコンタクトしてくださったり、ガイドツアーに参加してくださっています。

スピリチュアルなことを熱心に学んでいたり、神さまのことを真剣に取り組んでいる方がほとんどですが、本章でお伝えしたように、

「神さまの声が聞こえるようになりたい」

「龍が見えるようになって仲良くなりたい」

という話をよく見聞きします。

中には、すでに見えたり聞こえたりしているのに、自分の勘違いですませているというケースもあるんです。

それは、私たちには神仏に対して「偏見」があるから。

神に対しても、見てくれで判断してしまう癖があるんです。

これは私の実話ですが、沖縄ではなく、伊豆諸島・神津島《こうづ》での話。

友人から聞いた事前の話では、神津にめちゃくちゃ強くて厳しい不動明王がいるとのこと。島の聖地に入る前にまずは、そのお不動さんに挨拶しないといけないと、念押しされていました。

怖いと有名なお不動さん。実際に挨拶すると……


(高めの声で)

「おまえさぁ、どっから来たん?」

「お、沖縄です」

「ちゃうやろ!」

「あ、山口です」

「せやろ。んで、なにしに来たん?」


こんな調子。「軽っ!」と、ビックリしました。

怖いで有名なお不動さんが、じつはめちゃくちゃパリピだった(笑)。

案内してくれた友達に、「めっちゃ軽かったんだけど」と伝えると、「じつはそうなんだよ~」

と言っていました。

この時、自分の中に偏見があったとしたら、
「こんなパリピの声は、怖いお不動さんなんかじゃない！」
と、否定してしまっていたかもしれません。

神仏に対しても、見てくれで判断したり偏見があると、自分の見える・聞こえる能力を潰してしまうことになってしまいます。

なので、皆さんも、錯覚や思い込みは捨てて、神仏の声として素直に自分の思うまま・感じるままに聞いてみる練習をしてみてください。

きっと偏見や思い込みが外れた時、備わっている能力が開花しますよ。

第７章

目覚めよ、龍人たち

守護龍の教え

守護龍は進化する!?

心地いい風が吹き抜ける日、かつのりはキジムナーを連れて、天水龍大神が鎮座している公園へ立ち寄った。

時間をみつけては、かつのりは一人でも自分の守護神である天水龍に会いに来ていた。


「また来たよー」

かつのりが声をかけると、天水龍はシュルシュルッと、地面から地上へ昇ってきた。

「今日はキジムナーも一緒だね！」

水の膜に包まれながら、嬉しそうにピシャンと水を跳ねさせている。

「かつのりは、僕の兄ちゃんたちにも、よく会いに行ってくれているみたいだね。兄ちゃんたちもすごく嬉しそうだよ」

「うん。天風龍にも天火龍にも、オレから会いに行くけど、逆にいつもオレの近くにいてくれている感じがするんだよね」

「それはもちろんそうだよ。キミの守護龍は、僕たち龍神3兄弟だからね」

「守護龍？」

かつのりは守護神と守護本尊の存在は把握していたが、〝守護龍〟がいるとは初耳だった。

「守護龍っていうことは、龍がついて守ってくれているってこと？」

「そうだよ。とはいえ、沖縄では神さま＝龍神だし、僕たち3兄弟と9人の子どもたちは、干支の神でしょ？　だから、キミたちみんなそれぞれの干支にあわせて守護神がいるんだけど、その守護神はみんな、龍神だしね」

「そっか。そう考えたら、オレたちはもれなく、守護神も守護龍もいるということか」

スイスイと気持ちよさそうにかつのりの周りを泳ぐ天水龍の横で、キジムナーも一緒に空中で動いている。

「かつのり、知ってる？　守護龍って進化するんだよ」

キジムナーが楽しそうに動きながら、言った。

「え、進化するってどういうこと？」

キジムナーの言葉に天水龍が加勢する。

「もともとキミたちを守っている守護神とは別に、守護龍もいてね。ただ、かつのりの守護龍は僕たち龍神3兄弟だけど、僕らはさっき言った進化する守護龍ではないんだ。それに、父龍も黒龍のままだし、母龍も白龍のまま。進化しないんだ。

つまりね、3兄弟と、その子どもの9人の神世三代は、守護龍だけど進化しない守護龍って言ったほうが理解しやすいね」

「なるほど。じゃあ進化する守護龍ってどんな存在なんだ？」

「進化する守護龍とは、キミたちが**生まれた時に龍族界からサポートをするために来る龍**のことなんだ」

「え、わざわざ龍族界から来てくれてんの⁉」

「そうだよ。だからかつのりには、僕たち3兄弟龍神と、かつのりをサポートするために来ている守護龍がいて、みんなで守っているってこと」

「えー、そんなにオレ守ってもらってるのかぁ」

「そうだよ。その進化する守護龍が、キミたちのその時の状態に合わせて、成長したり進化したりして、変化するんだよ」

天水龍とキジムナーは、相変わらず楽しそうに、空中をスイスイ泳ぐように動いている。

「そうそう。キミたちの世界で人気のあのゲーム……ポケモンみたいなんだよ」

「天水龍、ポケモン知ってんの？　まぁ人間界のことは、神さまたちよく知ってるもんな」

「そうだよ。あのポケモンと、まさに一緒！　守護龍って、色も大きさも、ついている人の状態によって変わるんだ」

「色や大きさが変わるって、どういうこと？」

「そうだなー。かつのり、オーラってわかる？　人間ってみんなオーラがあるんだけど、その人の通常時のオーラってあるの。でもその時々によって、色が変わったり、大きさも変わったりするんだけど」

「それはイメージできるな」

かつのりは、自分のオーラについてはよく知らなかったが、人にはオーラがあるというのは、簡単にイメージできた。

「オーラと同じように、守護龍もキミたちの状態を反映しているの」

「守護龍の場合、色が変わることには、なにか意味があるのか？」

「うん。龍の色ごとに〝**役割**〟が変わるんだよ」

「役割？　それはわかりやすい例でいうと、金運とか健康とか、そういうことか？」

「そうそう！　だからね、守護龍がどの色になっているからといって、強いとか弱いとかエライとか、そんなことは一切ないってこと。……まぁポケモンの世界では、進化して強くなるとかあるけど、別の見方をすれば、進化して能力が変わったということでしょ？　そう思えば、守護龍と一緒だね」

かつのりは、ポケモンで遊んだ時のことを思い出した。確かに、ポケモンが進化すると、姿形が変わって、次のバトルに勝てたりする。

「そうか。オレたちが成長すれば、それに伴って守護龍の色も変わるし、大きく成長するってことか」

「そうだよ。色によって、どんな役割があるかというとね……（P286〜287参照）」

天水龍が、ピタッと止まって丁寧に教えてくれた。

「ヘェ〜。金龍だからといって、金運が役割じゃないんだ。じゃあ、たとえばオレがなにかにチャレンジしたい！って意欲が湧いている時、守護龍は紫色の龍に変化しているということ？」

「そういうこと。だから、どの色の龍だからすごいとかエライなんてことはないってわかるでしょ」


「その考えでいったら、守護龍は1体じゃないってことだよな」

「そうだよ」

天水龍が答える。

「キミたち自身、人生において取り組むことが多くなったりすると、勝手に守護龍は増えていくんだよ。その逆で、役目が終わると減ることもあるよ。

それに、成長もするけど退化もしてしまうんだ」

「退化って？」

「キミたちをサポートするために守護龍がいる。その龍は、人の役に立つことを喜びとしているんだ。だけどね、その龍を私利私欲で召使のように扱ったり、存在に感謝せずおろそかにしたりすると、手足がなくなり蛇の姿になってしまうんだ」

「えっ、蛇の姿に……」

「そうなると、その守護龍の力はなくなるんだよ」

「そんなに龍は健気なんだ。人間のために必死になって助けようとしてくれているのに、感謝の気持ちを忘れずに大切にしないとね」

「守護龍は龍界からサポートに来るということは、誰かに故意に龍をつけてもらうことはできないっていうこと？」

かつのりが質問すると、止まっていた天水龍がまたスイスイ動き出した。

「そういうこと。人間の中には、お金を払ってまで龍をつけてもらおうとしたり、龍神を祀っている神社に行っては、自分についてほしいとお願いする人もいるんだよね。

あのね、ハッキリ言っちゃうけど、僕たち龍はキミたちのボディガードじゃないから！」

いつも穏やかで明るい天水龍が声を強めた。

「うん、そうだよな。龍神は大金はたいて、つけてもらったりするものじゃないよな」

なだめるようにかつのりが言うも、天水龍はまだ言い足りないようだ。

「ホントだよ！　僕たち龍族は、〝この人はどんな想いで拝んでいるのか〟をちゃんとみてる。だから、自分はお願いごとをするだけで、〝龍が欲しい。強い龍に守ってほしい。そうしたら金運も上がるし、仕事もうまくいくはず〟みたいに、〝くれくれ〟精神《マインド》でいる人には、絶対つかないし、守らないよ」

「珍しく口調が強いな」と、かつのりは内心思った。よほど、そういう人間たちを目の当たりにしているのかもしれない。

「よくわかったよ。確かに、自分ではなにもしないで、〝オレのことを守ってくれよ〟とお願いするのは、龍神に対してすごく失礼な話だな。

強い龍をつけたがることは神頼み、龍頼みをしているだけ。〝俺の龍、強いだろ。すごいだろ〟って粋がったところで、おまえは何さまだ、という話だよな」

「まったくね。わかってくれてありがとう。もちろん、守護龍としては、この人間のことを守りたい、一緒に成長したいと思っているから、みずからサポートについているんだよ。それは、その人間とマッチする龍だから、守護龍になれるんだ」

天水龍は、いつもの穏やかさに戻って言った。

「その人とマッチするというのは？」

「たとえばさ、キミたちが大怪我をしたとか、病気で手術をする時に、輸血が必要だとする。その時、自分の血液型にマッチした血じゃないと、命に関わるでしょ。それと同じこと。その人とマッチする龍じゃないと、お互いに苦しくなるし、守護できないんだ」

守護龍を大切に

「そもそもね」

天水龍が続ける。

「キミたち人間は、龍人でしょ。

「龍なんだから、本当は、守護龍は必要ないんだよ」

その言葉を聞いて、かつのりは「そうか」と声が漏れた。

「そうだよな。オレたちは龍の子だから、本当は守護龍がいなくてもいいのか」

「そう。でも、今、守護龍がついているとしたら、それは純粋にその人を守りたいと思って、自分の役割の範囲で尽くしているんだよ。ご先祖さまが守護霊として守ってくれてるのと同じかな」

「オレたち、龍に尽くされてるのか！」

「そうだよ。だからね」

天水龍が、かつのりの目の前で止まった。

「今いる守護龍を、大切にしてほしいんだ」

「そうだよな。オレたちをみずから守ろうとしてついてくれているわけだから、龍をペット扱いしたり、召使みたいに使うことも、龍神に対して失礼だよな」

すべての龍はあなたの身内

天水龍とキジムナーは、水をピシャピシャかけあいながら遊んでいる。その横で、かつのりは真剣に天水龍の言葉を考えていた。

「龍を使うんじゃなく、オレたち自分自身が龍であることを思い出すと、守護龍との付き合い方も変わるな」

「うん。だってさ、かつのりは僕ら3兄弟の兄弟でしょ。父龍と母龍の子どもでしょ。

かつのりだけじゃなくて、キミたち人間はみーんな、龍の子孫じゃない。ご先祖が龍で、自分も龍人。ということは、沖縄の僕ら龍神家だけじゃなくて、日本中にいる龍は、みんな人間の家族ということなんだよ」

「龍は人間みんなの家族、か」

遊びながら、天水龍は話を続ける。

「僕はここ龍神家では三男坊だから、若く感じるかもしれないけど、人間からしたら〝おじいちゃん〟みたいな感じじゃない？」

「いや、おじいちゃんどこの話じゃないでしょ。何百代、何万代、子孫がいると思ってんの」

かつのりが冷やかしながら返すと、ピシャンと水が飛んできた。

「年数なんて龍神には関係ないから。人間みんなが、僕らの家族で身内だよって言いたかったんだよ」

「わかってるよ。どんな龍も、オレたち人間の家族。そう思えたら、龍人としての自覚が芽生えるだろうな」

「あとね、かつのりに伝えたいことがあったんだ」

天水龍が上昇して、かつのりの頭上をクルクル動く。

「僕たち龍神は、いわゆる次元の高いところにいる。もちろんこの地に鎮座しているんだけど、地球の3次元にとどまっているわけではないんだ。それは、キミたち人間も同じだよ」

「え、オレたちも高い次元にすでにいるってことか？」

「そうだよ！　それを思い出していないだけ。だからね」

そう言って、龍体をまっすぐに伸ばす。上へと伸びていく姿は、まさに昇り龍そのものだ。

「〝次元上昇〟じゃなくて、〝**意識上昇**〟を目指すといいよ。そうしたら、僕たち龍神とこれからも共存できる。龍人であるキミたち全員と手を取り合って、世界を一緒に創っていける。

その時が来るのを、龍神たちはみんな楽しみにしているんだ」

そう言うと、嬉しそうにピシャンと水を飛ばしながら、天水龍は地下の居場所へと戻っていった。

column

辰年の神、ついに時が来た！

本文の中で何度も話に出てきた、龍神3兄弟の9人の子どもたち。9人の子どもたちの鎮座地は、今なお沖縄本島内に残っているので、会いに行くことができます。

そのうち1人の鎮座地は、自衛隊基地の中にあるため、今は直接行って挨拶することができません。

沖縄に移住してから、私は9人の子どもたち、ようは初代〝龍人〟たちの居場所を探しました。探し終わったあとに知ったのですが、これに関する文献は、沖宮宮司が残した『御嶽神教』しか残っていません。その他のことは口伝も途絶えているので、沖縄のおばあにも知られていませんでした。

神人さんたちからの情報や、私自身のリーディグをもとにしたりして、琉球の龍人伝説を調べることができたのです。

9人の龍人のうち、男が4人、女は5人います。そして4組は夫婦になり、龍人の子孫を増やしたことで、私たち人間の誕生につながったわけですが、ひとり結婚しなかった女龍人がいます。

その龍人の名前が、「木龍宇具志久乙姫王《もくりゅううぐしくおとひめおう》」。

首里城と久高島を結ぶポータルがある聖地に鎮座しています。

鎮座地にある石碑には、「辨天負百津姫神《べんてんよもつひめかみ》」とも刻まれており、本書でも名前が出てきた「瀬織津姫」ともいわれています。

辨天の家系として知られているので、辨天負百津姫と呼ばれることが多く、私も普段はその名で呼んでいます。

この神は干支「辰」の神。

9人の子どもの中でもいちばん力が強いとされ、天軸を司る神です。天軸なので、縦軸を整える神なんです。

ダジャレみたいですが、「縦に立つ＝辰」と思うとイメージしやすいでしょうか。

ほかの8神とは違い、この神だけ特殊な紋様を持っておられます。

その紋様は「日・月・木（元）」を表しています。太陽と月が【天】、そして木は【地】です。

もともとこの地は巨木の世界でした。実際にその巨木が化石化して、岩となって残っている聖地はたくさんあります。


「私は天と地を結ぶ役割をまっとうします」


そのような強い意志をもち、生涯独身を貫いて、天軸を調整した、龍人である神さま。

日本の大地は「龍」の形をしているといわれますが、この大地自体が「龍」そのものなのです。

私たち日本人は龍の大地を借りて龍と共に暮らしている「龍人」です。ですので、「龍の背中に乗りたい」と願うことはおかしなことですよね。自分、または自分の家族の背中に乗りたいと言っているようなものですから。

天と地をつなぐ者として、私たちと龍族が力を合わせる時が来ました。

日本人は「金龍族」といわれています。「金」とはゴールドという意味もありますが、それだけではなく「神の末裔」という意味です。

2024年は辰年。いよいよ私たち「龍人」と、この女神の本領発揮の時！
天と地が結ばれる時が来たのです。

エピローグ

沖縄に移住して、ひそかな夢だったゲストハウスを開くことになって、1年が過ぎた。

その間も、龍神家をはじめ、たくさんの神や仏、神人と対話をして、かつのりは自分たちこそ龍人であることに目覚め、龍事をする役目をまっとうしようと決意するまでになった。


この日、かつのりは、すっかり仲良く打ち解けたキジムナーに会いに、ガジュマルの木がある場所へ行った。

独特なアーチ型の石造の門をくぐる。

太陽の陽を遮る大きなガジュマルに近づくと、初めていだく感覚が湧いてきた。

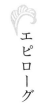

「あれ……なんだかすごく……懐かしさを感じる……」

すると、これまで何十回も見てきたガジュマルの木を前に、涙がツーと頬を伝い止まらなくなった。

「あれ？　オレ、泣いてる……なんだろ、どうして……」

「かつのり、思い出した？」

いつの間にか、太い枝の間からキジムナーが顔をのぞかせている。

かつのりは涙を拭いて自分を落ち着かせ、深呼吸をひとつしてから言った。

「………うん、思い出した。このガジュマルに、オレ、住んでた」

一言発したら、止まらなくなり、カツノリは一気に続けた。

「この木に、オレは住んでいたんだ!!　今キジムナーがいる場所から、いつも地面で遊ぶ人間の子どもたちを見ていて、〝早くオレも人間の子として生まれたい〟と思っていたんだ」

タンを切ったかのように記憶がよみがえると、また涙があふれて止まらない。

そんなかつのりを見て、キジムナーが優しく言った。

「うんうん、よく思い出せたね。その通り、キミは早く人間になりたかった。早くお母さんのお腹から出てきたかった。だから、未熟児で産まれたんだよ。ちょっと焦っちゃったんだ」

確かにかつのりは、予定より1カ月以上早産で産まれ、言語障害が残るものの一命をとりとめ、長期間、保育器の中で育たなければならなかった。

しかし、そんな昔の話、家族以外、知らないはずなのに。

かつのりは涙をぐっと止めた。

「なんでキミがそのことを知ってるの、キジムナー」

「だって、ボクはキミだから」

「……え？」

キジムナーの言葉に一瞬戸惑うも、かつのりは思い出した。

「あぁ、そっか！　キミはオレなのか！　いや、逆か。オレはキミだったんだ」

「どっちも同じだよ」

ケラケラ笑いながら、キジムナーが答えた。

「今の人間の世界では、時間軸が過去から未来へ流れるように理解しているでしょ。でも、本来は、そんな時間軸はないんだ。

ただ、キミとボクは同じ魂。キミはボク、キジムナーとして、このガジュマルに住んでいた経験もあるんだよ。キジムナーを経験したから、今度は人間になることを夢見た。実際、人間の子どもになる夢を実現させて、何度も人間としての人生を経験して、今のこの世界では〈かつのり〉という人生の経験真っ最中ってとこかな」

「そんなマンガみたいな話が、ホントにあるのかぁ」

頭ではまだ漠然としながらも、キジムナーの言うことは、かつのりの腑に落ちる話だった。

「沖縄に来て、本当によかった。

オレでもあるキジムナーにも会えたし、自分の過去を含め、〈かつのり〉としての役目も使命も、本当の自分も思い出せた。

オレは龍、神の血を継ぐ龍の子。**人はみんな〝龍人〟**なんだ」

かつのりの言葉に、キジムナーは嬉しそうに頷いた。

付録

WORK

沖縄の龍神や仏、また神人から教えてもらったワークをご紹介！

★中庸を知る

本書P215に、首里弁財天からの「中庸でありなさい」という教えがあります。ここでは、自分の中庸を知って戻るためのワークを伝授します。

1. 静かな場所またはリラックスできる場所（守護本尊のお寺がおすすめ）に、あぐらをかいて座ります。
2. 3回深い深呼吸をします。
3. 自分の体が傾いたり揺れるのを感じます。
4. 故意に揺れを止めず、自然と体の揺れが止まるのを待ちます。

check!!

体の傾きにより、自分がどのように傾いているのかがわかります。

左に傾く：女性性が強く男性性の欠如
右に傾く：男性性が強く女性性の欠如
前に傾く：三次元が強く高次元の欠如
後に傾く：高次元が強く三次元の欠如

真ん中がニュートラルな状態。その中庸の位置に自分が戻るまで、自然に身をゆだねてみましょう。

★守護龍を知る

本書P262でお伝えした、守護龍の色からわかる役割がこちらです。

守護龍の色別の役割

白龍　健康　母性　愛　与える
黒龍　大人　父性　力　育てる
青龍　子ども　遊び　承認欲求
黄龍　金運　富　成功　分け与える
緑龍　精神の安定　休息　癒し
赤龍　自己受容　成長　実行力

紫龍　切り開く力　閃き　チャレンジ
金龍　平和　協調　全肯定
銀龍　落ち着き　リラックス
風龍　スピリチュアル能力　旅行
水龍　家族愛　パートナーシップ
火龍　恋愛　やりたいことの欲求
土龍　仕事の安定　出世　新しいアイデア

自分が強化したいことや取り組みたいと思っていることを司る色の龍が、自分の近くにいてくれている様子をイメージしてみましょう。

絵に描いたり、色を塗ってみるとイメージ力が上がり、さらに身近に感じることができるのでおすすめです。

★スピリチュアル能力を高める

本書P233でお伝えしたように、みずからスピリチュアル能力に蓋をしてしまっていませんか?

誰にでも備わっているスピリチュアル能力を高める方法とは、

［感じたことを素直に口に出す］

こと。

これがスピリチュアル能力を取り戻す〝最初の一歩〟です。

周りの顔をうかがったりせず、素直に発言するように意識してみましょう。

「あの雲が龍に見える」のようなスピリチュアルな発言に限らず、「イヤなものはイヤ」など、日常であなたが感じていて口に出せず我慢していることも含みます。

素直な発言は、今いる環境がとても大切になってきます。私も幼少期の頃は、家では素直に口に出すことが難しかったですから。

聖地ガイド・講演会・タロットリーディングなどを通じて、霊性を取り戻すお手伝いをしていますので、興味ありましたらご参加ください。

特典

★干支別で読み解く、あなたの今世のお役目は？

本書では、私なりの干支別の今世の【お役目】をリーディングしてみました。ぜひ参考にしてみてください。

※早生まれの場合、旧正月の前日までは前年の干支、旧正月から4月1日生まれの人は従来の干支として数えてください。

例：旧正月が2月10日の場合
2000年2月9日生まれ↓卯
2000年2月10日生まれ↓辰

子《ね》

守護神：天風龍大神《あまふうりゅうおおかみ》
守護本尊：千手観音《せんじゅかんのん》

干支は「子」から始まります。つまり子年の人は、「始まりの人」です。新しく物事を始めていく力があります。

古いものから新しいものを見出す力があります。ゼロをイチに変える仕事に向いているともいえます。

また、「風の力」も持っていますので、スピリチュアルな力も強く持っています。ここでいう“風”とは「風の時代」という意味ではありません。「風」は私たちに、わかりやすくメッセージを伝えてくれます。あなたのさり気ない風のような優しいアドバイスが、人を助けるでしょう。


「始まりのエネルギー」を持っているので、野心が強い人が多く、今世では独立したい方はそのほうがうまくいきます。

新たなモノづくりの錬金術が使えますし、「長男気質」でもあるので、責任感も強く、面倒見も良いため、リーダーシップを発揮するとよいでしょう。

エネルギーを上げたい場合は、「散歩」「ドライブ」など風を感じるといいですよ。

守護本尊が「千手観音」ですので、万人に手を差し伸べ、たくさんの人を導くことができるでしょう。

丑《うし》

守護神：天火龍大神《あまひりゅうおおかみ》
守護本尊：虚空蔵菩薩《こくうぞうぼさつ》

丑年の人は、温厚で優しいので「人を癒す人」です。あなたがいるだけで場が和みます。

存在しているだけで価値があると思えるので、何もしてなくても人生うまくいっていたりします。

「全然そんな人ではない」と、自分には当てはまらないという方もいるかもしれません。丑年の人は、元々温厚な性格でマイペースです。ですが、日頃の人間関係などで「優しさゆえの」いろいろなことを我慢してしまって、本来の自分ではなくなってしまう傾向があります。

天火龍が守護神なだけに、一見温厚でも魂は熱いものを持っていたりします。しかし「のんびり」が好きなので、内なる炎をどうしたらいいのか悩んでしまいがち。そんな時は、頑張らないで！　頑張ることが良いとされますが、丑年の人は感情を爆発させるより、「熱い愛で包む」ように、内にある情熱に従うほうが生きやすいのではないでしょうか？

丑年の人は「ヒーラー」「介護」など、人を癒す仕事が向いています。

また、ご先祖さまとのつながりを調べると、さらにエネルギーが満ちあふれますよ。本書もあなたの“家系図”ですが、もっと直近の家系を調べてみてくださいね。

守護本尊が「虚空蔵菩薩」なので、人に何か教えたり、導いたりするといいですよ。

寅《とら》

守護神：天水龍大神《あますいりゅうおおかみ》
守護本尊：虚空蔵菩薩《こくうぞうぼさつ》

寅年の人は私と同じなので、P157でお伝えしたように、「水事」「龍事」をすると良い人です。「水事」とは、以前の私のように飲食業に携わる、または海が好きなら沖縄に行くということも含みます。

「龍事」として、龍に関わることをしてみましょう。本書を読まれてる方は、干支に関係なく「龍の事」をされているかもしれませんね。龍のいる神社が好きだったり、待ち受けが龍だったり、日々、龍を身近に感じているのではないでしょうか？

「龍を身近に感じる」これが大切です。

とはいえ、すでに私たちは龍人なので、寅年の人の大きなお役目はないといえば、ない……（笑）。冗談です。

寅年の人は好奇心旺盛なので、やりたいと思ったことは自分にさせてあげましょう。

明るい性格でリーダー気質ですが、プライドが高く、とても負けず嫌いなので、努力して頑張る傾向が。でも負けず嫌いが欠点となることもあるので、気をつけましょう。

全干支共通ではありますが、寅年の人が特にエネルギーが上がるのは、「旅をすること」「環境を変えること」です。

守護本尊は丑年と同じ「虚空蔵菩薩」ですので、講師業などが向いています。

卯《う》

守護神：辨天負〓大神《べんてんよしろのおおかみ》

守護本尊：文殊菩薩《もんじゅぼさつ》

卯年の人は、美的センスがズバ抜けていますので、「美のカリスマ」といえます。「デザイナー」「芸術」「美容師」など、美しさを追求すると良いでしょう。

今、関わっていることが「美」に関係ない、または「私に美的センスがあるとは思えない」と思われる方もいるかもしれません。

「美」とは、高級品に身を固めたり、着飾ったりするのではなく、「純粋な心のこと」。

卯年の人は、他人の心の動きを感じる力が強い人です。

丑年と同じ「優雅な癒し人」ですが、自己成長が得意なので、本を読むとか、興味のある習い事などをして吸収していくといいですね。

エネルギーを上げたい時は、「きれいなもの・可愛いと思うもの」に囲まれてください。動物に癒されたり、美しい景色を見たり、または絵を描いたり、音楽を楽しむのも良いですね。

守護本尊である「文殊菩薩」は純真無垢な性格なので、子ども心を忘れずにいてくださいね。子どもの頃なりなかった職業や、やってみたかったことをすると、魂が輝きますよ。今世は無邪気に楽しみましょう。その無邪気さで周りの方を癒してください。

辰《たつ》

守護神：辨天負百津姫神《べんてんよもつひめかみ》
守護本尊：普賢菩薩《ふげんぼさつ》

辰年の人は、ズバリ「スピリチュアルの世界に生きる人」。

本書でもお伝えした、辨天負百津姫神は瀬織津姫でもあります。それを無意識レベルで、魂で感じているのだと思いますが、辰年の人はスピリチュアルや精神性を取り入れていることが多いはず。

「スピリチュアル」といってもフワフワ・キラキラしたスピリチュアルではなく、ちゃんと地に足をつけ、高次元と３次元のバランスを取ることがとても大切。ですので、仕事でもしっかり働き、精神世界も大事にしましょう。

エネルギーを上げたい時は、「川」「滝」「海」など、水に関わる場所に行ってみてください。「水族館」もおすすめですよ。

スピリチュアルの世界に生きるといいましたが、必ず仕事にする必要はありませんし、毎日祈ったり、瞑想したり、神事を人一倍する義務はありません。

ただひとつ、辰年の人にお伝えしたいことは、「天と地を大事にしてください」。本書を読んで気づいてくださった方もいるでしょう。大事にする方法は、すでに魂レベルで各々が知っていると思うので、お任せしますね。

責任感も強いので自分のことより他人を救いがちですが、まずは自愛を大切にしてください。

守護本尊が「普賢菩薩」ですので、女性のために力を発揮すると財運も上がりますよ。

巳《み》

守護神：辨天負久知姫神《べんてんよくちひめのかみ》
守護本尊：普賢菩薩《ふげんぼさつ》

巳年の人は、人の気持ちを汲み取ることが得意です。そのため「カウンセラー」「アドバイザー」に向いています。

辰・巳生まれの人は、元々財運に恵まれていますので、お金に困ることはないでしょう。もし「私、貧乏ですが……」と言われる方がいれば、それは身の丈以上を求めていませんか？　必要以上に手に入れようとすると、執着となり生き方がズレてきます。

また、先祖供養を怠るとうまくいかなくなるので、ご先祖さまを大切にしてくださいね。お墓参りに行けなくても、心にご先祖さまを置くようにしましょう。

お金にかかわらず、必要以上を無理やり望むと、苦しくなります。

辰年と同じく、スピリチュアル能力が高い傾向にあります。

あなたが持っている能力(気持ちを汲み取る力)で、相談を聞く、寄り添う。そのように他人のサポートをしていくと魂が輝きます。その結果、あなたの“器が広がり”、必要以上の富を手に入れることができるでしょう。

エネルギーを上げたいときは、静かな場所で瞑想するといいですよ。

守護本尊は「普賢菩薩」なので、女性のサポートをするとGOOD。

文殊菩薩とも仲が良いので、卯年の人と協力して何かをすると楽しい結果を生みそうです。

午《うま》

守護神：辨天負泰彦大神《べんてんよりひこのおおかみ》
守護本尊：勢至菩薩《せいしぼさつ》

午年の人は「現実化する力が強い」人。とにかく頑張り屋さんです。また、感情豊かな人が多いです。興味があることはコツコツと何でもこなせますし、大きな成果が出ます。逆に興味がないことは、頑張れてしまいますが、生き方からズレてしまいますのでやめたほうがいいでしょう。豪快な性格でもあるため、散財には注意してくださいね。

「人の夢を叶えること」に力を使ってみましょう。さまざまな人の気持ちを受け取る能力が高く、現実化する力が強いので、「コーチング」「カウンセラー」向きです。

「丙午(ひのえうま)なので嫌われるんです」と言う人もいますが、気性が荒いわけではありません。そうではなく、バイタリティーあふれる情熱的な人が多いということ。ですので、「現実化する力が強い」のです。

エネルギーが低い時は体を動かすこと、たとえば「運動」「ヨガ」「ストレッチ」をすると戻ってきますよ。日頃から体を使うことをされている人は充実していると思います。

守護本尊は「勢至菩薩」ですので、好きなことの勉強は怠らず、あふれるアイデアで人の役に立つこともできます。「こんなことが……」と思うようなことが、素敵な助言になることがあるので、自分枠にとらわれないで伝えてみてくださいね。

普賢菩薩と仲が良いので、辰年・巳年の人と組むと、力がもっと発揮されます。

ひつじ
未

守護神：仁天屋翟大神《じんてんやしろのおおかみ》
守護本尊：大日如来《だいにちにょらい》

未年の人は「マイペースを大切に」する人。いるだけで好印象。人に好かれやすいので、たくさんの仲間に囲まれます。

家族や家系を大切にする穏やかな人ですが、とても繊細な一面もあるので、無理に人に合わせようとすると苦しくなってしまいます。ストレスを溜めやすいので、一人の時間を持つようにしましょう。

リーダーシップを発揮するよりサポートに回るほうがうまくいきやすいので、「裏方向き」ですが、人に好かれるので「表舞台」に立たされることもあるでしょう。マイペースであれば、すべてうまくいきます。

未年の人は「子どもに携わること」もいいですね。

基本、自由人なので自由な人のことが理解しやすいことを活かして、フリースクールやサドベリースクールに関わるのもいいでしょう。

ノマドワーカーなど、拠点を持たずフリーな生き方をするほうが、魂が喜びます。

「大日如来」が守護本尊ですので、大宇宙のように許容が大きい器を持っており、良い意味で“カメレオン気質”です。

人のためなら、どんなことでもどんな役でもできてしまいます。その大きさゆえ、自分を苦しめてしまうことがありますので、大宇宙のようにゆっくり流れてください。

エネルギーが低いなと感じる時は、「日光浴」「月光浴」でチャージしましょう。

さる 申

守護神：仁天屋船或久姫神《じんてんやふねひくひめのかみ》
守護本尊：大日如来《だいにちにょらい》

申年の人は「猿田彦（さるたひこ）大神」の役目を持っているので、「導きの人(道引き)」です。困っている人に未来の“道”を引いていく人。猿田彦なだけに、「ツアーコンダクター」「添乗員」など、旅がテーマになるでしょう。

仕事にせずとも「旅をすることが大事」ですので、インドアでゲームをしているとツラくなってしまうことはないでしょうか？

テーマは「旅」ですが、実質的な国内外の旅行はもちろん、自分探求も「旅」。自分の内面を見ていくと良い流れを作ることができます。

エネルギーが足りないなという時は、本を読んでみてください。

「そこは旅じゃないの？」と思うかもしれませんが、申年の人は自己探求や自己啓発によって、光が戻ってきます。

申年の人は、お調子者でもあり人に褒められると調子に乗りがちですが、明るい性格なので嫌われることはほとんどないでしょう。

「“猿”と呼ばれた豊臣秀吉」のように、頭が切れるので天下を取ることもできます。得意分野でカリスマになれてしまいます。ただ「猿も木から落ちる」なので、気をつけてください。

未と同じ「大日如来」が守護本尊なので、宇宙を持っています。未年の人より力が強いので、その力を“悪用”しないでくださいね。

酉《とり》

守護神： 仁天屋船久久姫神《じんてんやふねくくひめのかみ》
守護本尊： 不動明王《ふどうみょうおう》

酉年の人は「言葉と体」を大切にしてください。日本人の言葉の力(言霊)はとても強いのですが、酉年の人はその中でもより強い傾向にあります。ですので、自分の言葉遣いには気をつけるようにしましょう。

また、酉年の人は繊細なので、耳にする言葉もなるべく選ぶようにしてください。愚痴や悪口ばかりの井戸端会議には行かないほうが懸命でしょう。

逆に、趣味が合う集まりや、気の合う仲間でのランチなど、言葉と耳が心地の良い環境に身を置くと、輝きが増していきます。

同調性が強いので、他人がケガしたと聞くだけで自分も痛くなることがあります。自分を置く環境は大切にしてくださいね。

もしエネルギーが落ちてしまうことがあれば、大好きな歌を聴いてください。歌うことが好きな人は、カラオケもいいですね。または、「祝詞」をあげることもおすすめします。

「講師」「アナウンサー」など、声を仕事にするといいですよ。

また、守護本尊が「不動明王」なので、「アスリート」「トレーナー」のような自分を鍛えることにも向いています。「ダイエット・アドバイザー」なんて仕事も面白いかと。ただ、体力もあり責任感が強いので、ちょっとストイックになりがち。無理は禁物ですよ。

戌《いぬ》

守護神：來天皇久能知大神《らいてんすめくのちのおおかみ》
守護本尊：阿弥陀如来《あみだにょらい》

戌年の人は「道開きの人」です。申年の人が“導きの人”なら、戌は「その道を切り開く扉を開ける人」。何かをしたいと思っている人や、何かに詰まっている人の背中を押して、最初の扉を開く人です。

子・申・戌がチームを組むと、「道開き」がすごいことになりそうですね（笑）。

とにかく人の世話が好きだから、困った人を見たら無視できない。正義感が強く人を守りたいため、「警察官」「ガードマン」向きでもあります。

人懐っこいですが、大勢と仲良くというより、心を開いた少人数と向き合うことがマッチするので、個人セッションは良いですね。マンツーマンは安心感を与えるので、クライアントにより深く寄り添えるはずです。

もちろん、万人に好かれるので、大人数が相手でも大丈夫ですが、すべての人に気を使いたいがゆえに、気疲れに気をつけてくださいね。

エネルギーを上げたいときは「新しいことにチャレンジ」してみて。道開きの人なので、グングン、エネルギーが高まります。

守護本尊は「阿弥陀如来」。無限の命と無限の光を持って、人々を救い続けています。私たち人間は、同じようなことは事が大きすぎてできませんが、困った人の道を開いていくことで、あなたの魂も磨かれていきます。

もちろん、自分の道もしっかり自分らしく開いてくださいね。

亥《い》

守護神： 來天皇明久或姫神《らいてんすめあけくひひめのかみ》

守護本尊： 阿弥陀如来《あみだにょらい》

亥年の人は「猪突猛進」の言葉通り、曲がったことが大嫌いで、感情も全開の、熱き本気モードの人です。

事の初めが得意なのは「子」の人。逆に、干支の終わりである「亥」であるあなたは「安心して背中を預けられる人」。だからこそ、「兄貴分」「姉御肌」な存在なので、人からの信用は大きいです。

そんな信頼がおけるあなたなので、「寺小屋」みたいに相談者が絶えないのではないでしょうか？

ですので、みずから手を差し伸べて誰かのために何かをするよりも、亥年の人は「行動してみせること」が大切になってきます。

そうすることで、あなたを見ている人は勝手に気づきます。あなたの背中を見て憧れる人が現れたり、あなたのようになりたいと目標を持つ人も少なくないでしょう。

みずから手取り足取り教えるよりも、「見て学べ」のスタンスで、ちょっと昔の職人気質くらいのほうが、今世は生きやすいのではないでしょうか？

精神的にも強いですが、エネルギーが落ちることもあるでしょう。そんな時は、山や森で「森林浴」してください。アウトドアが好きな方はキャンプをしたり、インドア派の人は少しでも花や草に触れてみてください。

「阿弥陀如来」のように、デッカク構えていてくださいね。

おわりに

私たち日本人は龍の末裔であり「龍人」である。

読み終えてどんな感覚でしょうか？

なにかわからないけど、体の中が温かかったり自然と涙がこぼれたり、とくに体感はないけど「そうなんだ」と、少しでも自分が大好きになってもらえていたら幸せです。

これまで、龍がいるとか、神さまの声が聞こえるなど、スピリチュアルなことを話すと、「嘘つき」「霊感商法」といった反対意見を言われ、〝叩かれて〟きました。

ですが、私の目に見えていること・聞こえてくることは、〝**私にとって事実**〟です。

他人には、解《わか》るはずはありません。

スピリチュアルなことが〝ない〟という証明はできません。逆に、〝ある〟とも証明できないことが多くあると思います。

ですが、あなたが見えて聞こえて感じていることだけは、**絶対なのです。**

「あの雲が龍に見える……」。だけど他人の目を気にして言えないのって悲しいですよね。

「あそこのラーメンがおいしい」と同じ、〝私の感想〟なのにね。

私もこれまで「嘘つき」「死ね」「詐欺」などといったコメントに、たくさん傷つけられました。

その他人の心ない言葉に、ウツになりかけたこともあります。

だけど、私はこの**地球分の一**の素晴らしい存在であり、私がこの世に生まれてくることができたのは、何代も何代も、命のバトンをつないでくれたご先祖さまたちがいたからこそ。

その数えきれないご先祖さまたちの想いは、「私が幸せであればそれでいい」だと思います。

私には子どもはいませんが、もし我が子がいたら、「あなたが幸せであればそれだけでいい」という想いになると思うのです。

「自分を殺して他人の目を気にして生きてほしい」なんて思っている親は、いないと思うんです。

本書を執筆するにあたり、罵倒や批判を浴びせられるかもと、恐れもありました。

でも、これまでに、人生を良くしようとスピリチュアルを学び、その結果苦しんでいる……という方々から、たくさん相談されてきたのですが、私なりの答えをお伝えすると、「ここに答えがありました」と喜んでいただけたのです。

本書を読んで、「スピリチュアルで苦しんでいる」という方が少しでも楽になり、自分を好きになってもらえたら、本当に幸せなこと。

ですので、恐れを超えて執筆させていただきました。


じつは本書には、ある〝仕掛け〟をしていました。

本書に登場する神さまや仏さまのセリフを読んだ時、アニメのアテレコ（映像にセリフを当てはめる）のように、声色を変えて読まれていたのではないでしょうか？

そのアテレコは、私とあなたでは声色が違うはずです。

それこそが、「あなたの〝聞こえる〟」ということ。

あなたには、「こう見えた」「こう聞こえた」。そのあなたの真実を大切にしてください。


私は決して特別ではありません。皆さんと同じです。

ただひとつ、皆さんと違うとしたら、「もともと私たちには不思議な力がある」ことを信じ、勇気を出して自分の中にある眠った能力を思い出して、それを信じたこと。

それだけです。


私は「足さないスピリチュアル」を提唱しています。

無理やり改造人間のように、自分にいろいろなパーツをつけて肉体改造するよりも、もともとのあなたにはすべて備わっていることを思い出す。

それが、私が提唱している「足さないスピリチュアル」です。

あなたが元に戻った時に、もし必要があれば学び（足す）に行けばいいですね。


さらに、「新世紀レムリアを開く龍人世界の創造」も提唱しています。

私たち日本人一人ひとりが龍人であることを思い出し、ME（私）の世界ではなく、WE（皆）の世界。

つまり横並びの世界で、「それもいいけど、これもいいよね」と、神と人が手をつなぎ各々が幸せに暮らすこと。

それができれば、争いのない平和な世界になると信じています。

本書は、「龍が目覚めるように」という想いを込めていますが、それはつまり「あなたが目覚める」ということです。

「私には龍がついていますか？」

「私は龍と仲良くなれますか？」

とよく質問されますが、本書を読まれたあとには、その疑問はなくなっているでしょう。

「わたしは龍であり、神の子である」

このひとつの事実が、あなたの龍を目覚めさせ、これからあなたが進む人生において、光の道しるべとなることを祈っています

最後に、本書にはたくさんの聖地が出てきます。

実際に聖地に行かれる方もいらっしゃると思いますが、いずれも沖縄で長年大切にされている聖域です。

どうか心静かに、ご先祖さまに、感謝を伝え、手を合わせてください。

また、風習や習わしなど、解釈があなたと違う内容もあるとは思います。

本書で「良い」と感じていただけたことがあれば、採用してください。

どの物語を採用するかは、あなたの自由なのですから。

今日も〝あなたらしく〟龍とともにあらんこと。

2024年5月吉日

龍人クリエイター　中本勝得

中本 勝得　なかもと かつのり

龍人クリエーター

山口県岩国市生まれ。沖縄在住。

予定日より１カ月以上早い早産で生まれるも一命を取りとめるが、長期間保育器の中で育った後遺症で言語障害をもつ。

幼い頃から霊能力のある母の影響でスピリチュアルな感性があり、子ども時代から仏前でお経を唱えていたが、父や周りから気味悪がられて封印。

高卒で就職するもホームレス状態に。最後は栄養失調で倒れ退職。

その後、ノウハウもなくライブハウスを起業。改善努力を繰り返し 12 年続ける。

38 歳の時、スピリチュアルや自己啓発の本を読むようになり「好きなことをする」という内容に驚愕。幼少期から変人扱いされてきたが、自分の本来の生き方が推奨されていたことがきっかけで、封印していた能力が復活。

“自分を生きる”と決め、ライブハウスを閉店。「トランプひとつで浪漫飛行」と銘打ち、プロマジシャンとして旅をしながら生活するようになる。

その後、沖縄に行き、ベストセラー作家さとうみつろう氏との運命的な出会いから沖縄で宿をオープン。

沖縄の龍神伝説を知り、３年間探求する。「聖地や神さまにご案内する役目」という天命が覚醒。現在は、龍がルーツである日本人の素晴らしさを伝える「龍人クリエイター」として活動中。

「龍人クリエイター」web サイトはこちら

公式 LINE はこちら

SPECIAL THANKS

山本時嗣　橘木愛理　岡野直子　龍女神あこ
長井照子　山本裕美　徳重亜喜代　しもかわいずみ
にゃこ姉　黒澤誠
佐藤篤子　合同会社社長のミカタ　龍神画家 弥生
さとうみつろう　ＰＩＣＯ　江島直子　吉武大輔
Hiromasa Suzuki(宇宙の子マサ)
愛と勇気の LOBRAVE
龍人覚醒プログラム卒業生
全国 88 ヵ所龍神巡り主催者
ハピネスタロットリーディングスクール Member
(順不同・敬称略)

たくさんの方のご縁があって本書が完成しました
これまでに出会ったすべての方に感謝いたします

そしてこの本を手にしてくれた龍人の皆さま
ありがとうございます

Publishing Agent　山本　時嗣（株式会社ダーナ）
https://tokichan.com/produce/

わったーりゅう！
僕らの龍が目覚めたら、世界はもっと美しい

2024 年 6 月 20 日　第 1 版第 1 刷発行

著　者　中本　勝得

編　集　澤田　美希
イラスト・デザイン　藤井由美子

発行者　大森　浩司
発行所　株式会社 ヴォイス　出版事業部
〒106-0031 東京都港区西麻布 3-24-17 広瀬ビル
☎ 03-5474-5777（代表）
📠 03-5411-1939
www.voice-inc.co.jp

印刷・製本　株式会社シナノパブリッシングプレス

ISBN978-4-89976-570-7 C0011